高校现代教学培训实操

曹蕾　颜京霞　李辉　汪金花　主编

中国矿业大学出版社
·徐州·

图书在版编目(CIP)数据

高校现代教学培训实操/曹蕾等主编. —徐州：
中国矿业大学出版社，2021.12
（高校青年教师现代教学培训指导丛书）
ISBN 978-7-5646-5180-0

Ⅰ. ①高… Ⅱ. ①颜… Ⅲ. ①高等学校—青年教师—
师资培训—教材 Ⅳ. ①G645.12

中国版本图书馆 CIP 数据核字(2021)第 281474 号

书　　名 高校现代教学培训实操
主　　编 曹蕾　颜京霞　李辉　汪金花
责任编辑 徐　玮
出版发行 中国矿业大学出版社有限责任公司
（江苏省徐州市解放南路　邮编 221008）
营销热线 (0516)83884103　83885105
出版服务 (0516)83995789　83884920
网　　址 http://www.cumtp.com　**E-mail**:cumtpvip@cumtp.com
印　　刷 徐州中矿大印发科技有限公司
开　　本 787 mm×1092 mm　1/16　**本册印张** 7.75　**字数** 198 千字
版次印次 2021 年 12 月第 1 版　2021 年 12 月第 1 次印刷
总 定 价 48.00 元(共 2 册)

前　言

教师，是知识的传播者和文明的传承者。自古以来，“学为人师，行为世范”是国家和社会对教师这一职业的共同期待。高校教师作为高校教学和科研工作的主要承担者、基层教学改革的探索者、先进知识文化的传播者，对学生的人生观、价值观、世界观的形成有着直接且重要的影响。因此，教师的职业水准、教学技能、道德素养直接关系到学校人才培养、科学研究、社会服务等目标的完成情况。

作为高校教育工作的生力军，青年教师的培训工作尤为重要。华北理工大学教师教学发展中心成立于2012年，几年来，在学校的大力支持下，中心秉承“以人为本、分类培养、个性服务、全面发展”的指导思想，恪守“学思践悟、重在实践”的培训理念，积极开展了教师培养与培训、教学研究与交流、教学评价与激励、教学咨询与服务等系列活动。青年教师培训是中心的一项重要工作，通过系统化的专项培训，不断提高师德修养和身心素养，树立现代教育教学理念，掌握高等教育发展规律，夯实教育教学技能和方法，拓展国际视野，增强创新意识和实践能力，努力建设一支有理想信念、有道德情操、有扎实学识、有仁爱之心的青年教师队伍是中心对青年教师的培养目标。根据这个目标，中心为青年教师量身打造了专项培训体系，全方位、立体化对青年教师进行能力提升。通过不断探索与实践，具有华北理工大学特色的教师培养培训模式已初见雏形。

高质量的教材是提高培训质量的基本条件。华北理工大学教师教学发展中心依据近十年的培训成果，组织培训专家编写了《高校现代教学指导丛书》，包括《高校现代教学实用指南》和《高校现代教学培训实操》两册。本丛书围绕教育理念、课程设计、课堂教学、考核评价和综合素养等模块进行编写，系统地阐述了青年教师在专项培训过程中需要完成的全部内容及如何通过培训考核正式站上讲台，为青年教师深刻解读了在新时代培养什么样的人，为谁培养人的重要问题。该丛书功能明确、简明易懂、注重实战，对青年教师的教学能力提升有着重要的指导意义。

《高校现代教学培训实操》共四章。第一章对课堂教学中关于教学设计、教学模式和教学方法等方面的问题进行了探讨；第二章以清华在线网络教学平台为例，系统介绍了信息技术在课堂教学中的应用；第三章详细讲解了教师的基本教学技能，如教案(讲稿)的撰写、PPT的制作、板书设计及课堂掌控能力等；第四章主要介绍了微课、慕课、翻转课堂及混合式教学等教学模式。

本丛书在编写过程中，编委会成员参阅了大量的资料，并从中获得很大的收益，这对完成本书的编写起到了非常重要的作用。在此，对这些资料的作者和提供者表示衷心的感谢。

本书的编写工作在华北理工大学副校长张艳博、教务处处长许莹和副处长韩利华的悉心指导下完成。国家教学名师刘春凤教授以及学校教学督导委员会委员郭瑞华教授、芮玉兰教授等专家组成了顾问委员会，他们对本书提出了很多有益的意见和建议，在此深表感谢！

由于编写时间仓促，书中难免存在不周之处，在今后的工作中，编委会全体成员将继续进行思考、探索和整理，使之趋于完善。

目　录

第一章 课堂教学

高等教育越来越关注学生科学研究与实践能力的培养，而课堂是培养学生的主阵地，是影响学生学习效果的关键因素。课堂教学是实施学校教育的主要途径，是师生教与学的统一活动。在课堂教学过程中，作为教师，首先应该明确树立“以学生为主体，以学为主，以学习效果为目标”的“三学”教育理念；其次，要以具备广博的知识为基础，娴熟地运用各种有效的教学手段、教学方式，激发学生的学习兴趣，增强课堂的教学效果。本章主要探讨课堂教学中关于教学设计、教学方法和教学模式等方面的问题。

第一节 教学设计

教师在课堂中要做到应学生而动，应情境而变，优质高效地实现预定的教学目标，就必须对一堂课的教学进行精心设计。教学设计是教师开展好教育教学活动的基础性工作和重要环节，能否上好一堂课，前期的教学设计至关重要，需要教师集中智慧，反复论证，仔细斟酌。

一、教学设计概述

教学设计是教育技术的组成部分，是以教学效果最优化为目的，以解决教学问题为宗旨，根据教学对象和教学目标，运用系统科学的方法，将学习理论与教学理论等原理转换成教学目标、教学内容、教学方法和教学策略、教学评价等环节制订具体计划，创设有效的教与学系统，形成教学方案的过程，也是提高学习者获得知识、技能的效率和兴趣的技术过程。简单地说，教学设计就是遵循教学过程的基本规律，选择教学目标，以解决“教什么”的问题，运用系统方法设计教学过程，使之成为一种具有操作性的程序。

教学设计以系统方法为指导，把教学各要素看成一个系统，分析教学问题和需求，确立解决的程序纲要，使教学效果最优化。教学设计的常用理论有系统理论、传播理论、学习理论和教学理论（表 1-1）。

表 1-1 教学设计的理论基础

理论		原 理
系统理论		运用系统论的观点和方法探讨教学活动的理论。从教学过程本身看，教学过程是一个系统，它是由多个要素构成，这些要素互相影响，形成一个统一的整体。系统理论旨在通过对教学活动的结构和过程的系统考察和分析，从理论上和技术上提供实现最优化教学的系统方案
传播理论		教学设计是以整个教学系统、教学过程为研究对象。按照信息论的观点，教学过程是信息传播特别是教育信息传播的过程，在这个传播过程中有其内在的规律性和理论。在教学设计中，要尽可能地运用多种渠道和方式展示知识，有效地调动学生运用多种器官接受信息，以取得更加满意的教学效果
学习理论	行为主义	行为主义学习理论可以用"刺激—反应—强化"来概括，认为学习的起因在于对外部刺激的反应，不去关心刺激引起的内部心理过程，且认为学习与内部心理过程无关。根据这种观点，人类的学习过程归结为被动地接受外界刺激的过程，教师的任务只是向学生传授知识，刺激并观察学生的反应，对令人满意的反应予以加强，对令人不满意的反应予以补救或否定以纠正其反应；学生的任务则是作出反应，接受和消化知识
	认知主义	认知主义认为人的认识不是由外界刺激直接给予的，而是外界刺激和认知主体内部心理过程相互作用的结果。根据这种观点，学习过程被解释为每个人根据自己的态度、需要和兴趣并利用过去的知识与经验对当前工作的外界刺激（例如教学内容）作出主动的、有选择的信息加工过程。教师的任务不是简单地向学生灌输知识，而是首先激发学生的学习兴趣和学习动机，然后将当前的教学内容与学生原有的认知结构有机地联系起来，学生不再是外界刺激的被动接受器，而是主动地对外界刺激提供的信息进行选择性加工的主体。据此编制课程教学设计，要抓住两点：知识点的呈现方式不仅要有助于学生理解，而且也要有利于知识的贮存与提取；为了尽可能让学生在短时间内学习较多的知识，就必须把知识组织成有意义的模块
	建构主义	建构主义要回答的问题是：人是如何学习的？建构主义认为学习是学习者建构知识的过程，而不是接受知识的过程，学习者是在自己已有知识和经验的基础上建构自己的知识，合作和协商有助于知识的建构。建构主义学习理论强调以学生为中心，要求学生由被动的接受者变成信息加工的主体和知识意义的主动建构者。相应教学设计应围绕"自主学习策略、协作学习策略、学习环境"设计，以促进学生主动建构知识意义。强调情境对意义建构的重要性，因为学习必然与一定的社会文化背景相联系；强调合作学习对意义建构的关键作用，因为学生的思维和智慧最易被整个群体共享；强调对学习环境的设计，即自由探索和自主学习的场所设计；强调利用各种信息资源来支持"学"；强调学习过程的最终目的是完成意义建构。建构主义强调学习过程中学习者的主动性、建构性、探究性、创造性
	人本主义	人本主义提倡真正的学习应以"人的整体性"为核心，强调"以学生为中心"的教育原则，学习的本质是促进学生成为全面发展的人。它关心学生的自尊和提高，学生是教学活动中的焦点，学生应自主地选择学习课程、方式和教学时间。教师被看作促进者角色，应具有高度的责任感。教师要创建合适氛围，帮助学生成为全面发展的人。学校在社会中扮演着重要的角色。它把学生的创造和自我实现放在了很高的位置上，教育的目标就是帮助学生满足"自我实现"的需要。课程教学设计的根本目标：以学生为中心，设计符合学生自身特点、经验、需要和个性发展的教学
教学理论		教学理论是为了解决教学问题而研究教学一般规律的科学，研究教学的现象，研究利用和遵循规律解决教学实际问题的方法策略和技术。教学理论包括斯金纳的程序教学理论、布鲁姆以行为结果作为目标分类依据的教育目标分类理论等。教学理论与教学设计的相互影响、相互作用必然会促进双方的发展

二、教学设计的内容与步骤

（一）设计的内容

从内容上讲，如图 1-1 所示，教学设计主要回答以下三个问题：教什么和学什么，如何教和如何学，教得怎样和学得怎样，也就是教师要思考教学目标、教学策略、教学评价三方面问题。一个完整的教学设计应该具有以下内容：课题名称、设计者、教材分析、学情分析、教学目标、教学重难点、教学方法、教学媒体或资源、教学过程、板书、教学评价与反思等。

- 教学过程系统设计
  - 教学目标设计（教什么、学什么）
    - 教学对象分析
    - 教学内容分析
    - 教学目标编制
  - 教学策略设计（如何教、如何学）
    - 教学内容、顺序设计
    - 教学方式、方法设计
    - 教学媒体组合设计
  - 教学评价设计（教得怎么样、学得怎么样）
    - 形成性评价设计
    - 总结性评价设计

图 1-1　教学设计的内容构成

（二）设计的步骤

一个完整的教学设计常常包含教学分析、教学目标设定、教学策略选择、实施过程设计、评价设计等多个方面内容（图 1-2）。

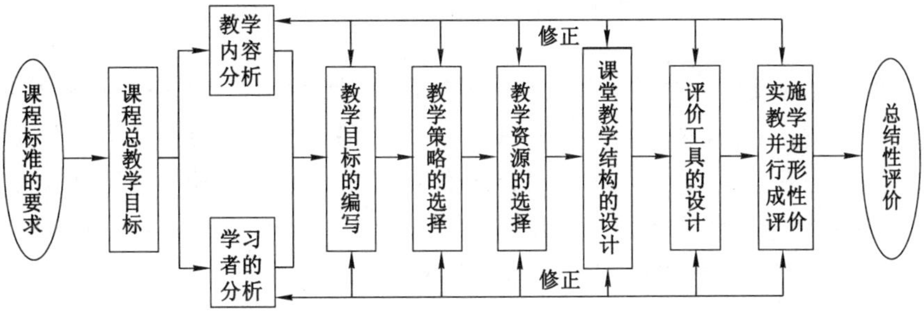

图 1-2　教学设计的主要环节

（1）教学情况分析。教学情况分析包含分析学习需求、分析学习者需求及对具体教学内容分析。分析学习需求包含了解教学中存在的问题，学生的实际情况与期望水平之间的差距。教师需要了解学生的一般特征、学生对本次课知识的理解能力以及学生的学习兴趣、学习风格等；还要分析学生在知识、技能、学习方法、情感态度等方面的特征，以及这些特征对学习本次课所产生的作用或影响。教学内容分析是指课程、单元及课时的教学内容的选择和安排，分析所学习内容的知识和技能。

（2）明确教学目标。根据该班学生的实际情况及教材的要求具体分析，设定本次课的教学目标。包括知识与技能目标，过程与方法目标，情感、态度与价值观目标。教师应该根据课程目标、教学大纲和学情确定具有可实施性、可检测性的教学目标。注意设立的目标应该表述正确规范，内容全面准确，具体可测，设计要关注差异。

（3）制定教学策略。教学策略的制定就是根据特定的教学目标、教学内容、教学对象以及当地的条件等，考虑如何实现学习目标或教学目标的途径，合理地选择相应的教学顺序、教学方法、教学组织形式以及相应的媒体。教学策略的制定是根据具体的目标、内容、对象等来确定的，要具体问题具体分析，不存在能适用于所有目标、内容、对象的教学策略。教师应把学习和学生作为焦点，通过合理选择教学方法、恰当运用教学媒体、灵活制定教学策略等手段，真正做到以教导学、以教促学。

（4）教学过程的设计。教学过程也称教学步骤，是课堂教学设计的核心，也是最能体现一个设计者的设计水平的环节，见图 1-3。一个完整的教学过程应该有复习旧知、课堂导入、讲授新知、提高拓展和总结分析几个环节，并且整个过程应与教学目标、教学任务、教学对象的分析、教学媒体的选择相一致。在实际设计过程中不仅需要将教学内容融入进去，还要分析内容呈现的先后顺序、呈现方式、所占时长，使教学内容有层次、有顺序地呈现出来。

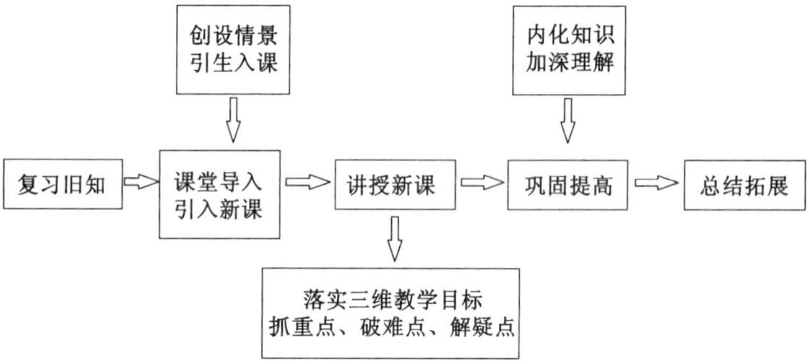

图 1-3　教学过程的设计与分析

（5）教学评价的设计。对学和教的行为做出评价，是教学设计中一个必不可少的环节。在教学行为评价时，一方面要以目标为标准进行评价，另一方面评价提供了关于教学效果的反馈信息。具体内容包括：评价出教学设计的实施效果；对教学设计进行及时修改、补充、完善；写出教学感想、心得、体会等。比如，本节教学设计最突出的亮点，存在的问题，等等。写教学评价和反思时应注意简明扼要、及时记载、不能空洞。

三、教学设计案例

教师做教学设计是整个教学活动中的重要组成部分。课堂教学是由教师主导的，教学主体是学生，教学目标是学生要去实现的，教学内容是要学生内化的，教学策略、教学媒体、教学评价和教学环节是为学生服务的。只有明白了以上逻辑关系，教师才可以做好教学设计。不同课程的教学设计各有其特点，以下是医学课程生物化学一节内容的教学设计，仅供青年教师参考。

（1）基本信息设计（表 1-2）

表 1-2　基本信息设计

课程名称：生物化学	课时数：1 学时（50 分钟）	课程内容：DNA 损伤的修复
授课对象：五年制临床医学专业	授课教师：×××	职称：×××
课程教材：查锡良、药立波．生物化学与分子生物学[M]．8 版．北京：人民卫生出版社，2017.		

（2）学情及教学目标设计（表1-3）

表1-3 学情及教学目标设计

教学目标	
（一）知识点	（二）能力培养
掌握：DNA损伤修复的基本方式及机制 熟悉：DNA损伤修复的概念及修复过程 了解：DNA损伤修复的意义 拓展：DNA切除损伤修复相关基因缺陷与肿瘤的关系	临床思维能力：以“疾病”为主线，以“切除修复”、“错配修复”、“重组修复”为核心。 科研创新能力：参与DNA损伤修复基因的分子遗传学研究进展、启迪思考和创新。 逻辑推理能力：建立从修复对象、酶、过程及结果的思维方式，理清修复与疾病之间的关系，建立从形象到抽象推理过程

（3）重难点分析设计（表1-4）

表1-4 重难点分析设计

难点一：DNA损伤修复的主要类型
难点分析：本部分内容抽象分散，五种修复方式之间没有很强的逻辑顺序，且机制涉及原核和真核生物，学生难以理解和记忆。
教学对策：利用视频和动画演示修复过程的机制，并通过比较法将修复方式分别从对象、修复酶、时间、结果等方面进行比较，达到化繁为简的目的，便于同学的认识和理解。
难点二：DNA损伤修复与疾病之间的关系
难点分析：学生处在大学二年级阶段，思维活跃，虽完成部分基础课程的学习，但未接触临床实践，缺乏临床的思维与科研培训，欠缺灵活运用所学知识的能力，不能很好理解这部分知识和内容。
教学对策：通过引入生活实例及临床案例、HNPCC发现的经典故事、最新的研究及亲身的科研等多种形式引导学生的兴趣，培养“基础”联系“临床”的意识和思维

（4）教学方法设计（表1-5）

表1-5 教学方法设计

教学方法
（一）教学过程：问题导入—启发思考—理论分析—联系实际。
每个小节均采用问题导入和过渡，启发学生推导和归纳知识、讲解后联系临床实际，并加以深入、拓展。
（二）教学策略
1. 教学手段PPT与板书相结合。（1）PPT：最主要教学手段，通过大量图片加深学生感官认识，形象生动地理解基本概念，更加深入掌握基本理论和知识要点。（2）板书：通过板书将DNA损伤的修复要点记录于黑板。
2. 媒体应用。（1）教学动画和视频：展示修复发生的过程及相关机制。（2）教具：通过自制教具的展示，能让同学们对于知识内容的理解更直观、更形象。（3）网络教学平台：将自学内容、翻转内容和与授课相关的讨论拓展内容公布于网络平台进行答疑互动。
3. 课堂组织。（1）课堂练习：调动学生参与知识点的总结和归纳，加深对概念的理解。（2）问题驱动：在授课过程中穿插提问、设问等形式，引导学生建立独立思考的能力并复习巩固知识点。（3）课堂讨论：通过对不同类型的案例的讨论和分析，培养学生发散性思维

（5）立德树人、创新创业设计（表 1-6）

表 1-6　立德树人、创新创业设计

针对性教学及创新点
1. 案例激发兴趣：用视频、动画、图片展示案例，引导学生将所学基础知识与临床疾病相连。
2. 互动增强体验：通过互动增强学生对知识的理解，加深知识的掌握。
3. 知识总结归纳：鼓励学生提炼内容，进行阶段性的总结和归纳，便于知识点的记忆。
4. 启发科研思维：通过临床案例及自身科研实践，以修复基因为切入点，启发学生结合临床知识，探讨基因与疾病发展的相关关系，培养学生科研思维能力。
5. 培养人文素质：通过经典故事的引入、科学事件的提出、伦理道德的展现，培养学生作为医务工作者的人文情怀

（6）整体教学过程设计（图 1-4）

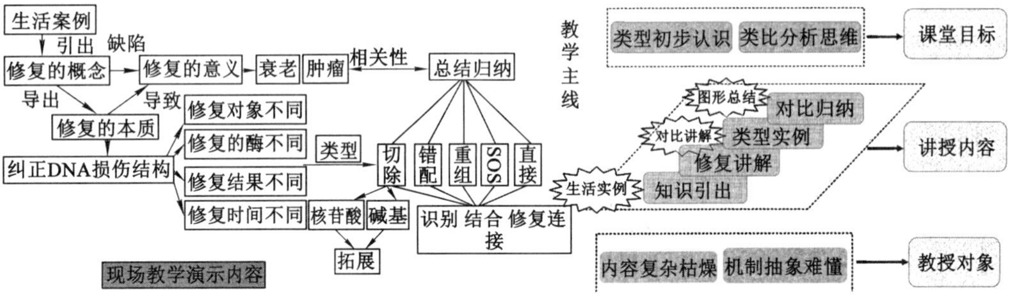

图 1-4　整体教学过程设计

（7）板书设计（图 1-5）

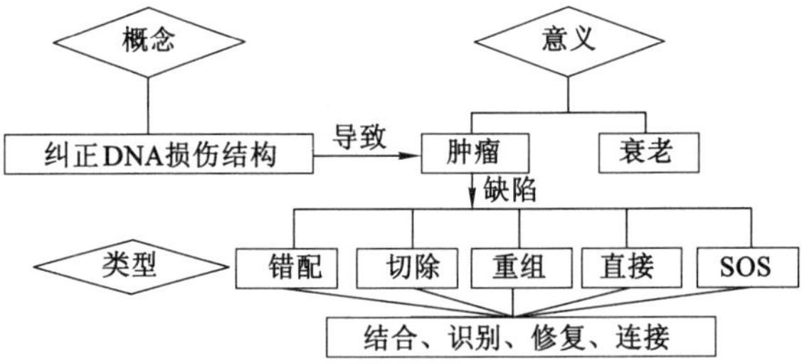

图 1-5　板书设计

第二节　教学方法

教学方法是在一定的教学理念和教学原则的指导下，教师为了实现教学目标在教学过程中运用的方式与手段，是教师和学生为了实现共同的教学目标，完成共同的教学任务，在教学过程中运用的方式与手段的总称，是达到教学目的的手段、工具和途径，具有多元性与相容性。

一、教学方法的主要内涵

教学方法是指向特定的课程与教学目标、受特定课程内容制约、为师生所共同遵循的教与学的操作规范和步骤。现代教学论认为，教学方法是一种方法体系，是教学系统的一个分支系统，是由教师、学生、教学内容和教学手段等构成的，基本要素是：教师的教、学生的学、认识对象、信息载体和教具。

一般认为教学方法具有如下几方面基本特点：① 实践性。教学方法的基本精神、影响媒介、作用方式、具体步骤、详细要求等与教学实践紧密相联，都是可以操作的。② 双边性。教学方法是师生双方共同完成教学活动内容的手段，是教学活动中师生双方的行为体系。③ 多样性。教学方法是多种多样的，每种方法都有其独特功能，需要教者必须切实把握各种常用教学方法的特点、作用，适用范围和条件，以及应注意的问题等。④ 整体性。不同的教学方法共同构成一个完整的方法体系，各种具体方法彼此联系、密切配合、互相补充、不可分割，综合地发挥着整体效能。⑤ 发展性。任何教学方法体系都不是永远固定不变的。在具体教学实践中，教师必须根据变化的时代精神、内容性质和对象特点等客观条件，勇于开拓，推陈出新，使教学方法更能适应教学的实际要求。

教学方法的功能是多方面的，既可以凭借教学方法使学生掌握知识、技能和技巧，也可以凭借教学方法使学生形成思想品质和审美观点，发展学生的能力和创造素质。

二、教学方法的分类

黄甫全教授提出的层次构成分类模式，从具体到抽象，将教学方法分为三个层次，具体如下。

第一层次：原理性教学方法。主要解决教学规律、教学思想、新教学理论观念与学校教学实践等问题，是教学意识在教学实践中方法化的结果。主要有启发式方法、发现式方法、设计教学方法、注入式方法等。

第二层次：技术性教学方法。该方法向上可以接受原理性教学方法的指导，向下可以与不同学科的教学内容相结合构成操作性教学方法，在教学方法体系中发挥着中介性作用。例如：讲授法、谈话法、演示法、参观法、实验法、练习法、讨论法、读书指导法、实习作业法等。

第三层次：操作性教学方法。指学校不同学科教学中具有特殊性的具体的方法。如语文课的分散识字法、外语课的听说法、美术课的写生法、音乐课的视唱法、劳动技术课的工序法等。

青年教师要形成有自己特色的教学风格，就应该对这些常见的教学方法有基本的了解。以下仅就课堂常用的教学方法的特点和应用要求做简要介绍（表 1-7），供青年教师参考。

表 1-7　常用教学方法的特点和应用要求

类别		特点	应用要求
以语言传递信息为主的教学方法	讲授法	讲授法是指教师通过口头语言向学生系统连贯地传授知识、解释概念、论证原理和阐明规律的教学方法。适合传递较为深奥的概念和原理。从教师教的角度来说，讲授法是一种传授型的教学手段；从学生学的角度来说，讲授法是一种接受型的学习方式，它包括讲述、讲解、讲读、讲演、讲评五种方式	① 讲授法既要重视教学内容的科学性和思想性，又要应尽可能与学生的认知基础发生联系。② 教师应善于设问解疑，激发学生的求知欲和积极的思维，注意培养学生的学科思维。③ 讲授要做到科学严密，系统性和逻辑性强，重点突出。④ 教学语言应清晰、精练，用词准确扼要。⑤ 注意将讲授法与其他教学方法综合使用；注意运用板书、直观教具和多媒体等手段增强讲授的趣味性和生动性
以语言传递信息为主的教学方法	谈话法	谈话法是教师根据学生已有的知识经验，借助启发性问题，通过口头问答的方式，引导学生通过比较、分析、判断等思维活动获取或巩固知识的教学方法。教学对话以教师指导、以学生的自由思考、自由表达为特征，以促进学生的发展为目的。谈论法特别有助于激发学生的思维，调动学习的积极性，培养他们独立思考和语言表述的能力。一般包括四种类型：① 启发性或开导性谈话；② 复习性或检查性谈话；③ 总结性或指导性谈话；④ 讨论性或研究性谈话	① 谈话要有目的、有计划地进行。② 提问要由浅入深、循序渐进。③ 谈话内容要符合学生思维水平。④ 谈话的方式要灵活多样，善于提问和引导，调动学生的学习积极性。⑤ 做好谈话总结
	讨论法	讨论法是在教师的指导下，学生以全班或小组为单位，围绕教材的中心问题，各抒己见，通过讨论或辩论活动，获得知识或巩固知识的一种教学方法。针对教材中的基础理论或主要疑难问题，教师通过设计讨论问题、指导学生分析思考后，师生之间共同讨论、辩论。讨论法可以让学生在讨论、合作中获得知识技能，发展能力和人格。这是一种充满“集体思维过程”的教学。师生之间、生生之间共同解决问题、共同引出知识。这种教学方法可以更好地发挥学生的主动性、积极性，有利于培养学生独立思维能力、口头表达能力，促进学生灵活地运用知识	① 讨论前教师要考虑学生的能力水平，创设课堂讨论情境，提出精心策划的、富有挑战性的、有价值的问题或课题，指导学生收集阅读有关资料或进行调查研究，认真写好发言提纲。例如，引导学生讨论现象的成因、命题的依据、关系与法则的理解、所认识事物的价值、新的问题的解决方法等。② 在讨论中，教师要善于启发引导学生自由发表意见，形成充满智慧与情感的课堂讨论氛围。③ 讨论结束时，教师应进行小结，概括讨论的情况，使学生获得正确的观点和系统的知识
以实际训练为主的教学方法	直观演示法	直观演示法是指教师在教学时，借助实物、图片或使用投影、视频等手段，或者作示范性的实验，使学生通过实际观察获得感性知识，以说明和印证所传授知识和学习实验技能的教学方法。常配合讲授法一起使用	① 要预先设计演示的内容和时间。② 演示要选择合适的形式，如借助现代教学媒体，如电影、电视、多媒体计算机等，可以化静态为动态，因而其逼真程度和直观程度更高。③ 课堂演示要简明扼要，照顾学生个体差异；演讲结合，注重学习过程

表 1-7(续)

类别		特点	应用要求
以实际训练为主的教学方法	练习法	练习法是在教师指导下,学生依靠自觉的控制和校正,进行各种练习,从而巩固知识、形成技能、技巧或行为习惯的教学方法。基本形式是学生在教师指导下的一种实践性学习	① 要求教师要明确练习的目的和要求,避免练习的盲目性和机械性。② 在练习之前要讲解和示范正确的练习方法,并且保证学生基本掌握,以便提高练习的效果。③ 练习方式要多样化,练习结果要及时反馈
	实习法	实习法是教师指导学生根据教学要求,在校内外一定场所从事实际工作,在实践中综合运用理论而掌握知识、形成技能技巧的方法,又称实习作业法	① 要有学科理论知识的指导。② 在教师的指导下有目的、有针对性、有计划地开展。③ 对实习结果要有评价
与动作技能有关的教学方法	示范-模仿法	通过教师示范正确的操作动作,学生模仿,使学生掌握动作技能的要领,如实验技能、体育技能、演奏技能、医学操作技能等,体现教中学,学中做,做中会	为了让学生加深对动作要领的理解,防止学生机械模仿,教师的示范要辅以适当的讲解
	练习-反馈法	动作技能是构成行为的基础。练习法-反馈法是在教师的指导下,学生将所学知识运用于实际,以达到对知识的消化和巩固并形成技能、技巧的一种教学方法。包括说话练习、解题练习、制图练习、动作练习等	① 练习的目的明确。② 要坚持练习的系统性和经常性。③ 对每次的练习教师要提供反馈信息,让学生知道自己的动作与期望的动作之间的差距,以改进、提高技能
启发法		强调学生是学习的主体,教师要调动学生的学习积极性,实现教师主导作用与学生积极性相结合;强调学生智力的充分发展,实现系统知识的学习与智力的充分发展相结合;强调激发学生内在的学习动力,实现内在动力与学习的责任感相结合;强调理论与实践联系,实现书本知识与直接经验相结合	要求教师要充分调动学生的主动性,启发学生独立思考,发展学生的逻辑思维能力;动手动脑,培养学生独立解决问题的能力
角色扮演教学法		教师根据教学要求设计一个逼真的工作情境,学生在假设环境中按某一角色身分进行活动以达到学习目标。角色扮演法主要是结合生活中的具体事例进行的现场教育,教师借助活动进行教学,活跃了课堂气氛,激发起学生强烈的兴趣;可以帮助学生了解、熟悉职业性质及工作要求,从而能更快地适应未来的职业环境	角色扮演法要求教学内容的选取要科学灵活;情境的设置要真实,注重应用和实际效果;教学过程注重结合事例进行现场教学;教师在学生表演过程中要及时反馈和指导,注意把握学生角色扮演的尺度

在众多的教学方法中,讲授法是最经典、最普遍的应用方法。作为一种与集体授课、学科课程相链接的教学方法,我们不应该错误地认为,现在提倡“以学为主”就要全盘否定讲授法。从学的角度来讲,对重要的理论知识的教学采用讲授的教学方法,可以直接、快速、精炼地让学生掌握,为学生在实践中的应用打好坚实的理论基础。从教的角度来讲,任何方法都离不开教师的讲,其他各种方法的使用实际都是建立在讲授法的基础之上。讲授法有利于教师发挥自身专业优势,把知识系统地传授给学生,让学生在思考的过程中学到知识。

三、选用教学方法的依据

（一）根据教学的目的、任务和原则

教学方法是实现教学目的和完成教学任务的手段，不同的教学目的和任务，要求运用不同的教学方法。任何教学方法都是为一定的教学目的和任务服务的，教师必须注意选用与教学目的和任务相适应并能实现教学目的和任务的教学方法。

（二）根据本学科具体教学内容的性质和特点

教学目的和任务是通过教学内容来实现的，针对教学内容的性质和特点不同，应选用不同的教学方法。只有选用的教学方法与教学内容的性质和特点相符合，才能使教学内容发挥出更大的作用；否则只会适得其反。

（三）根据学生身心发展的状态，包括学生的生理、心理和认知等方面

只有选用与学生身心发展相适应的教学方法，才能真正有效地提高学生的知识能力和思想水平，促进其健康向上的发展。

（四）根据教师自身素养及所具备的条件

教师自身的素养条件和驾驭能力，直接关系到选用的教学方法能否发挥其应有的作用。教师应对自身素养及所具备的条件实事求是地进行分析，根据其特点和条件选用恰当的教学方法，以扬长避短。哪怕别人行之有效的方法，也不可盲目照搬，这样才能确保教学方法运用自如。

（五）根据教学方法的类型与功能

每种教学方法都具有不同的特点与功能，教师应认清各种教学方法的优缺点，把握其适应性和局限性，或有所侧重地使用，或进行优化组合，不可盲目地选用教学方法。教学方法的选择与使用，体现着教师的智慧，标志着其教学艺术水平的高低。

教学方法的选择应该视具体教学情境的需要进行优化组合，所选择的教学方法要形成一个具有内在统一性的体系或结构。教学方法要真正对教学过程起作用，必须与特定的课程内容结合起来。各门学科的教学必须运用适合本学科内容的思维方法、研究手段。同一学科的同一教学内容，不同的授课教师会因为教学经历不同、对教材的理解不同而采用不同的教学方法。所以，在课堂教学中，为了实现教学目标，需要教师通盘考虑，仔细斟酌，综合使用几种教学方法，通过师生合作完成课堂教学任务。

但是，正所谓“教学有法、教无定法”，教师的教育教学活动还是应该在明确各种教法和学法的特点和最佳运用范围的基础上，根据学校的条件、学科的要求、教师的特点，尤其是学生的学情，在完成不同的教学目标和任务时采用不同的教法。

第三节　教学模式

在精心教学设计的基础上，教师还需要从教学模式和方法开展研究，朝着“以学定教”的方向对课堂教学进行转变，根据授课内容确立合理的教学模式和教学方法，全方位调动学生自主学习和深度学习的热情。教学模式是在一定的教育思想、教学理论、学习理论的指导下，在一定环境下展开的教学活动进程的稳定结构形式，是开展教学活动的一套方法论体系，是基于一定教学理论而建立起来的较稳定的教学活动的框架和程序，是教学理论的具体

化的表现形式。教学模式为教师设计具体教学活动建立了框架,同时也为设计课题、选择教材、驾驭课堂、教学实践提供了指导。从历史的发展上来讲,教学模式的发展经历了传统教学模式和现代教学模式两个阶段,这里仅简单介绍传统教学和现代教学主要模式中的几种,如讲授式、项目式、案例式、探究式、PBL 式等系列教学模式。

一、经典教学模式(传统教学模式)

(一) 概念

传统教学模式,也称为传递-接受式教学模式,是指在教学过程中教师主要通过口授、板书、演示,学生主要通过耳听、眼观、手记来完成知识与技能的传授,从而达到教学目的要求的一种教学模式。传统教学模式主要采用的教学方法是讲授法。该教学模式源于赫尔巴特的四段教学法,后来由苏联凯洛夫等人进行改造传入我国。传统教学模式在我国广为流行,很多教师在教学中都用这种方法教学。这种模式的核心理念体现在以教为主——以教材为中心、以教师为中心和以课堂为中心,高度关注教材和教师,重视教师对学生的监督管理和对学习的控制,强调通过课堂教学对学生进行系统的专业理论和实践的教育。在教师深入研究教学内容的情况下,将知识传递给学生,教学内容以书本知识、已有经验和技能为主。教学目的主要是挖掘人的记忆力、推理能力与间接经验在掌握知识方面的作用,使学生能够在有限时间内快速有效地掌握更多的知识。

传统教学模式的基本特征:① 在教学过程中教师的主导地位突出,非常注重教师的权威性,认为知识是从教师到学生的一种单向的传递。教师往往注重通过语言的讲述和行为的灌输来实现知识的传授,教师全程引导、掌控整个课堂的教学进程。② 学生的主体地位会被关注,却容易被忽视。在这种教学模式中,仍然需要学生自主学习、自主探究,但是容易被置于次要地位。传统课堂教学也需要学生发挥一定的学习主动性和积极性,但是完全在教师的调控之下,所以难以培养学生的创新思维和创造能力。

传统教学模式的优点:① 学校将学生统一划分成固定的班级,在统一的时间授课,有利于教学的组织管理和教学过程的调控,对教学环境的要求比较低,但是教学的效率非常高,从而赢得教学的高速度;② 学生容量比较大,一位教师能同时面对很多学生,扩大了单位教师单位时间的教学量,而且使全体学生同步学习;③ 传统课堂的主导是教师,由教师按照课程目标、教学大纲和教材来设计和组织教学,课堂讲授以系统讲授为主兼辅以其他教学方法,有利于情感因素在学习过程中发挥作用;④ 以"课"为教学活动单元,学生能在短时间内接受大量的信息,保证学习可以循序渐进,并使学生获得扎实、全面系统的科学知识。

传统教学模式的缺点:① 传统教学模式主要是从教师如何去教这个角度来进行阐述,容易忽视学生的主体地位,学生在整个课堂教学中始终处于接受知识的被动地位,学生的学习主动性不能被激发出来;② 课堂教学过程中学生短时间内接受大量的学科信息,很难真正地理解;③ 不同学生之间的学识水平、学习习惯、思维方式、理解能力不同,所以教师的同步授课不能等同于学生同程度地接受课堂内容,无法真正做到"以生为本";④ 教学手段比较单一,不利于培养学生的创新思维和解决实际问题的能力。

(二) 教学流程

传统教学模式是一种经典的模式,可以让学生在短期内接受大量的信息,主要依靠教师的讲解,强调教师的主导地位,其主要教学结构是"讲—听—读—记—练"(图 1-6)。

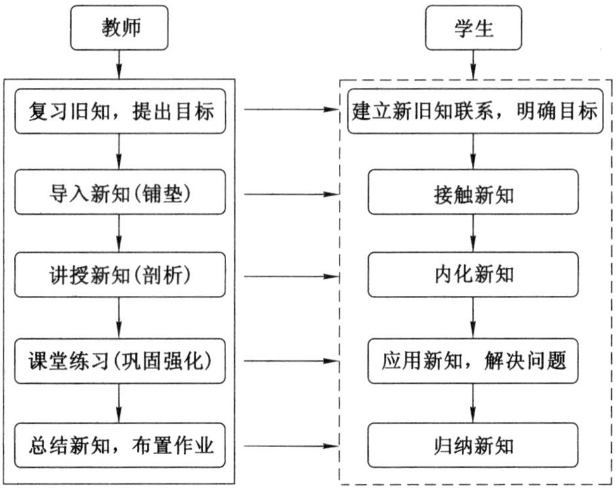

图 1-6　传统教学模式一般流程图

传统教学模式目前最常见的教学形式是集体授课，即教师在规定时间、地点，向一个或几个班的同学传递教学信息，这种教学形式可以满足一个教师面对大量学生授课，在规定的时间内传授尽量多的教学信息。基本教学程序是：

(1) 复习旧知。复习旧课是为了对已学知识进行梳理和整合，以强化记忆、加深理解。

(2) 导入新知。根据新课的内容，设置一定情境和引入活动，激发学生的学习兴趣。

(3) 讲授新知。讲授新课是整个课堂教学的核心，教师处于主导地位。授课全程以教师的讲授和指导为主。在进行教学设计时，教师根据学生的认知水平对教学内容进行丰富、加工和整理，力求使所传授的知识与学生原有的认知结构相联系；在讲授关于某学科的知识内容外，还要给学生分析讲解一种“思维方式”，及时引导学生归纳和总结事物的一般规律和解决问题的一般方法。授课中，教师需要根据不同的学科知识及内容借助适当的教学技能和手段来有效地组织课堂教学，营造出一个和谐有序的课堂氛围，同时对学生在掌握知识过程中遇到的问题及时给以解决。

(4) 课堂练习。巩固练习是学生在课堂上对新学的知识进行运用和练习解决问题的过程。

(5) 课堂小结，布置作业。通过学生的课堂和家庭作业来检查学生对新知识的掌握情况。

判断传统教学模式成功与否的标准是教师传授了多少知识，传授了什么样的知识以及学生掌握了多少知识和掌握到什么程度。衡量教学质量的手段是闭卷考试，通过学生的考试成绩来衡量教师的教学水平和教学能力，换句话说，教师的教学水平、教学技能会直接影响学生的学习效果。

(三) 传统教学模式教学案例展示

传统教学模式强调课堂教学中的教师地位，教师全程掌控教学的流程、教学的节奏和课堂的气氛，体现了“以教为主”的指导思想。但是，传统教学模式不是机械的，在教师的课前设计过程中如果能够重视学生的自主学习，内容内化的过程，仍能够平衡教师的主导和学生的主体地位。表 1-8 案例选自大一新生的医学基础课“组织学与胚胎学”的一个章节“呼吸系统”，可供青年教师参考。

表 1-8　传统教学模式案例展示

学情分析	《系统解剖学》中学生已经学过呼吸系统的器官构成和功能，《组织学》前段时间的学习，学生已经学过循环系统和消化管两个管道系统，掌握了这两个管道系统的组织结构，以及与功能的关系。本节课讲授的仍旧是一个管道系统-呼吸系统，要求学生在掌握呼吸管道的组织结构和功能的同时，对比三个管道系统的组织结构，分析结构与相应功能的联系		
教学流程	教学内容的安排	教师活动	学生活动
复习旧知	利用图片展示循环管道和消化管道的模式图，引导学生复习两种管道的组织结构和功能	教师展示图片，提出问题，人体器官的组织结构都是与功能相联系的，从分析循环管道和消化管道的组织结构入手，从已知的呼吸管道的功能入手，推理呼吸管道的组织结构应该是什么样的？构成细胞应该是什么结构	从已知的知识入手，接受问题
创设情境 导入新课	创设与生活和临床相关的情境	继续提出问题：同学们都知道，秋冬季节是呼吸道疾病的高发期，这与呼吸道的组织结构有关系吗？是什么关系？现在的人们谈“霾”色变，雾霾是怎么进入人体的？又是如何影响人体功能的	借助与自身生活密切相关情境，激发兴趣。进入新课的学习：呼吸系统
讲授新课	层次展开，口授为主，通过黑板板书展示内容框架和授课思路，利用 PPT 展示图片	教师按照教学目标和教材进行内容的讲授。黑板板书结合板画、板图逐渐呈现出整节课内容思维导图。教师掌控课堂授课的节奏，通过师生互动、学生讨论等调控课堂气氛	听课，记笔记。通过独立思考，回答问题并参与师生互动
巩固练习	课前预先设计好测验或讨论的时间和内容。要求内容要比讲授内容有一定的拓展和深化	教师在授课过程中可以不定时的进行课堂测验或组织课堂讨论，监控学生的掌握情况	通过听课，参与讨论，进行测验完成课堂内容的巩固和内化过程
课堂小结 布置作业	教师和学生共同总结课堂内容，完成学生的知识内化	教师在课堂结束时简短总结课堂内容。就课前导入过程提出的问题启发学生回答问题、归纳要点，通过前后呼应，完成整个教学环节	在教师的引导下总结归纳课堂内容的要点。在教师的启发下回答授课导入时的问题

由上述案例可以看出，传统教学模式是以知识的传授为主的课堂教学，教师主要向学生呈现基本的学科内容，用学生更易接受的教学手段有效激发学生的学习热情，通过情境架构使学生的新旧知识有机结合，通过板书和 PPT 结合将教师的讲授内容内化成学生的牢固完善的知识体系。

二、现代教学模式

杜威提出的“现代教学法”使人们认识到学生应当是学习的主体，由此开始了“以学为主”的现代教学模式的研究。这种模式主要反映现代社会发展对人才培养的要求，具有时代特性。但是，现代教学模式的出现不能完全替代传统教学模式，而是立足于传统教学模式，经过进一步的改造、完善形成。因此，我们不能对传统的教学模式全盘否定，而应该努力寻找这两种教学模式之间的平衡点，互相取长补短，使之不断发展。

现代教学模式重视教学活动中学生的主体性，强调以学生自主学习为主、教师讲授为辅；根据教学的需要合理设计"教"与"学"的活动，强调"做中学"，通过转变学生的课堂身份，变"要我学"为"我要学"。该模式对学生要求比较高，需要学生有一定的自主学习能力、自控能力、合作学习能力，对教师的课堂掌控能力和信息技术的掌握能力也有很高的要求。以学为主的教学模式以问题为核心驱动学生学习，问题可以是项目、案例或社会生活中的问题，必须是一项真实的任务在真实环境中展开。各种教学因素，包括教师都只是作为一种广义的学生学习环境，支持学生的学习、诱发学生的问题并利用它们刺激学生的学习活动，或确认一个问题，使学生迅速地将该问题作为自己的问题而接纳。高校经常采用的现代教学模式主要有以下几种：项目教学模式、案例式教学模式、问题为中心的教学模式和探究式教学模式等。

（一）项目式教学模式

1. 概念

项目教学法是在教师的指导下，学生承接和完成某个具体任务项目，从信息的收集、方案的设计到项目实施及最终评价都由学生主要负责，学生通过该项目的进行，了解并把握整个过程及每一个环节中的基本要求。项目教学法强调学生在学习过程中的主体地位，提倡"个性化"的学习，主张以学生学习为主，教师指导为辅。特点是以项目为主线，教师为引导，学生为主体；重理论与实践相结合，重调动发掘学生的创造潜能，提高学生解决实际问题的综合能力。

在教学设计时，教师要考虑如何体现学生在学习过程中的主体作用；如何充分利用情境、协作、会话等，激发学生的学习兴趣和学习动机；如何创设符合教学内容的情境，提示新旧知识之间联系的线索，组织协作学习，提出适当的问题以引起学生的思考和讨论；如何在讨论中把问题进一步引申，启发学生自己发现规律、自己纠正错误的认识等。

2. 构成要素

项目教学法主要由内容、活动、情境和评价四大要素构成。

(1) 内容：选取项目要以教学内容为依据，以现实的工作任务为材料，具有跨学科的特性。项目必须具有本专业的应用价值，主要内容来自企业、行业或生活实际中的真实情境，与生产或社会活动有密切的联系，包含知识学习、技能训练、职业道德规范和价值观形成等多方面。教师和学生共同参与项目的选取。在内容的选择上，教师要注意启发学生主动发现身边的素材，选择难度适合的工程或社会工作项目，从而调动学生的学习积极性。

(2) 活动：项目式教学模式采用的教学是一种探究性的活动。学生在完成项目的过程中通过亲身参与实践，获取专业知识和技能，提升自己的职业素养和能力。在学生的实践活动中，每个人都有机会根据自身的知识经验，提供不同的解决问题的方法和策略，其学习目标不仅是专业理论知识的积累，还有综合素质的提高。

(3) 情境：教师要充分运用现代教育技术的手段给学生提供多种学习的资源，同时要创设支持学生进行探究学习的环境。学习环境可以是真实的工作环境或真实工作环境的模拟、再现。小组合作学习是项目教学法的关键，从信息的收集、方案的制定、项目的实施到成果的评估都需要学生以小组的形式进行学习，所以教师要积极创设学生小组讨论交流的情境，让学生在群体中共同批判各种观点和假设，协商解决各路难关，使学生群体的思维与智慧为每个学生所共享，从而达到全体学生共同完成学习任务。

（4）评价：学生学习效果的评价应以完成项目的情况来评定，先由学生进行自我评价，再由教师对项目工作成绩进行检查和评价。师生共同对项目进行过程中出现的问题、学生处理问题的方法以及学生学习行为进行评价。

3. 教学流程

项目教学法实施过程包括：教师创设项目有关情境，确定项目选题；师生共同确定项目目标；学生分组制定项目计划，教师指导，小组合作确定并实施项目流程；师生共同评估、分析项目的实施和结果。

（1）情境导入：创设学生当前所学习的内容与现实情况基本相接近的情景环境，也就是说，把学生引入到需要通过某知识点来解决现实问题的情境。项目所涉及的知识和技能在教学大纲的要求范围内，需要通过学生主动的探索和学习来完成。

（2）明确项目：小组通过社会调查，研究讨论，并在教师的指导下确定具体的项目，并指出项目最终包含哪些部分或元素，以及每一部分和整个项目的价值所在。将最终的项目分解成 N 个步骤（这些步骤与第一步提到的部分或元素是一致的）。建立一个时间推进表，用于指导各个部分的有序进行。设计一个任务表格，写明第一、二、三步的内容，然后向学生介绍整个项目内容。

（3）自主协作：组织学生进行分组，让学生自由选择项目话题。开展小组交流、讨论，组员分工协作，共同完成工程项目。为各小组安排课堂时间讨论各自项目。

（4）点拨引导：教师在对学生制订的计划进行审定时，要对学生制定的计划进行认真研究，适时引导学生，确保制定的计划实施上是可行的，时间上是可控的，对每一个学生都有一定的约束力的。

（5）检查评估：评价注重学生在项目活动中能力发展的过程，包括教师评价、学习小组评价和自评三部分。设计创建一个项目展示活动，评价内容包括学生参与活动各环节的表现及作业质量。

4. 项目式教学模式案例

表 1-9 是精细化工工艺学项目教学示范，展示项目式教学模式的操作流程，其中情境创设、项目布置、项目实施环节突出了学生主动参与、合作探究的比例。

表 1-9　项目式教学模式案例

学情分析	应用化学专业本科四年级学生，班容量 50～60 人，已经学习了无机化学、有机化学、物理化学、化工原理、化工制图等基础知识和理论，在此基础上进行项目教学
情境创设	围绕教学重点：以三氧化硫为磺化剂生产十二烷基苯磺酸钠的合成原理。天然煤油提取十二烷基苯方法及其原理。苯烷基化反应制备烷基苯磺酸方法及其原理；教师先期讲授阴离子表面活性剂结构、种类及应用领域。十二烷基苯磺酸钠结构、种类及主要工业合成路线
项目提出	以 SO_3 为磺化剂、天然煤油为主要原料，设计洗涤剂主要成分十二烷基苯磺酸钠的生产工艺流程

表 1-9(续)

<table>
<tr><td rowspan="2">项目流程</td><td>项目布置</td><td>教师分析项目的任务，查阅相关的资料，预估项目进展中可能出现的问题
分解项目，布置任务：教师应将事先准备好的书面项目指导书发给每个小组检查核对
(1) 说明阴离子表面活性剂分子结构特点(亲水基、亲油基)；性能与结构的关系
(2) 写出十二烷基苯磺酸钠的合成原理(主反应，副反应)
(3) 画出十二烷基苯磺酸钠生产工艺流程图
(4) 说明十二烷基苯磺酸钠生产工艺的关键条件及其控制方法
(5) 说明十二烷基苯磺酸制备方法和原理说
(6) 指出生产十二烷基苯磺酸钠主要设备及特点
(7) 说明生产十二烷基苯磺酸钠产生的“三废”及处理方法；安全卫生问题与处置方法</td><td>学生分组，自由组合。推出项目组长，并编小组号。组长根据项目内容接受任务。小组合作的形式分析项目要求，学生根据分析结果制定小组的项目行动计划，确定工作步骤和具体分工</td></tr>
<tr><td>项目实施</td><td>教师通过“咨询、计划、决策、实施、检查、评估”进行课程引导。在项目实施过程中，教师的指导尤为重要，对项目实施的步骤、要领、学生的进展情况进行检查和督导，及时提示</td><td>学生明确自己在小组中的分工以及小组成员合作的形式，按照确立的工作步骤和程序工作。首先依据教材、教师提供的文献资料以及校园网网络查询为基础，小组成员每人在课前准备好的项目书表格处(裁剪开便于成员填写)写出任务内容；然后小组成员共同学习讨论，掌握理解项目全部相关知识与理论；最后由组长组合表格粘贴形成一个完整设计书。学生分组进行项目分解任务汇报</td></tr>
<tr><td colspan="2">项目总结成果展示</td><td colspan="2">汇报完成以后，由教师、项目小组及学生个人进行项目评价，明确学生在项目学习中的优点，了解在学习过程中存在的问题，对课程重点进行强调；完善以后的项目学习</td></tr>
<tr><td colspan="2">项目考核</td><td colspan="2">考核分为行为目标与业绩目标考核，学生在训练过程中各个环节任务的完成情况和学生在过程中的创新设计能力在考核中并重。考核由教师和其他小组分别打分，教师点评。本项目总成绩由项目课堂成绩(80%)和项目作业成绩(20%)组成，作为本课程平时成绩之一，其中项目课堂成绩由教师成绩(60%)和其他小组平均成绩(40%)组成，成绩均以百分计，小组成绩即为成员成绩</td></tr>
<tr><td colspan="2">项目拓展</td><td colspan="2">每个小组在课堂教学基础上，在课后通过资料查询写出以十二烷基苯磺酸钠为活性物的日用洗涤剂配方2个，工业洗涤剂配方2个，并与课堂完成的项目书一并上传到网络平台系统作为本次项目作业</td></tr>
</table>

(二) 案例式教学模式

1. 概念

案例式教学模式是指教师根据教学目的和教学内容的要求，把实际中真实的情境加以典型化处理，形成供学生思考分析和决断的案例，将学习者引入一个特定事件的真实情境中，通过独立研究和相互讨论的方式，来提高学员的分析问题和解决问题的能力。

案例教学展开形式主要以案例分析为主，注重学生参与互动，在分析、探究案例过程中建构知识。在实际案例教学中，由于涉及多方面的内容，需要学生主动探究，权衡利弊，运用多种理论知识，来找到解决问题的最佳方案。因此学生需要开动脑筋发散思维、随着教学组织与设计环节展开，主动参与到案例分析、探究的过程中，进行知识学习和建构。整个过程中，教师则在这种教学情景中适当给予引导，学生是课堂活动中的学习主体，学习活动的中心。

一个案例就是一个实际情境的描述，在这个情境中，包含有一个或多个疑难问题，同时也可能包含有解决这些问题的方法。所谓案例，是指包含有问题或者疑难情境在内的真实发生的典型性事件，包含故事情节、背景情境、典型问题、技术描述等关键要素。案例式教学是紧紧围绕案例的准备、展开、讨论进行的，合理选取案例是教学效果的关键。教师在选取案例时应注意几点：① 案例要具有很强的针对性，要服务于教学目标，紧密结合课程大纲的要求，突出重、难点内容；② 案例要有典型性，通过对案例的剖析，可以达到解决教学普遍性问题的目的；③ 案例要具有现实性，要贴近学生的认知水平和实际社会和生产；④ 案例还要讲究时效性，即反映当前的社会生产实际、符合时代的要求。

2. 教学流程

案例式教学模式的流程一般包括案例设置、自主探究、讨论评价等环节。只有科学合理的流程，才能确保案例教学的质量。具体流程见图 1-7。

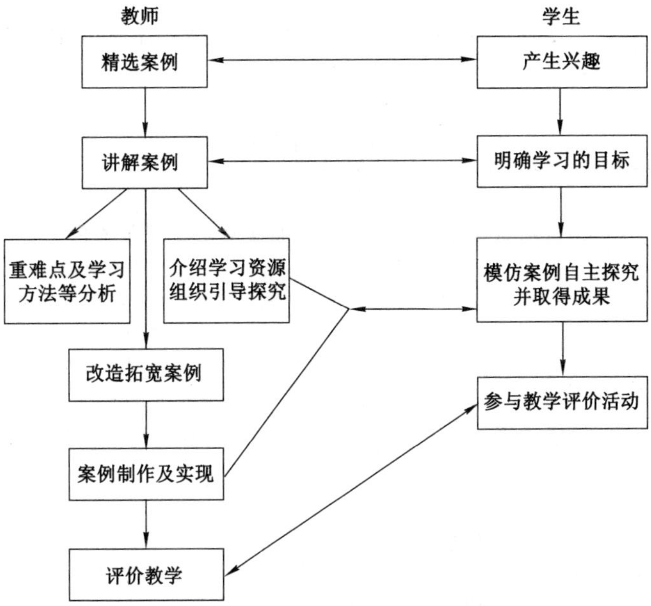

图 1-7 案例式教学模式的一般流程图

(1) 展示案例，启发思考

课前，教师通过文本、视频或文章等方式把设置的案例材料发放给学生，介绍案例背景资料，激发学生探究案例的热情，让学生带着案例问题(或情境)去探讨课本理论知识，然后根据教学目标，提出问题，告知学生需要解决的问题。

(2) 讨论案例，解决问题

学生分组，组内个人首先通过各种途径(文献资料、网络查找、咨询专家)，展开自主探究、分析，然后开展小组合作，组织有效的分析或辩论，使学生在自主探究与讨论中互相启迪，最后形成小组内的统一方案，不能统一的可以在后期提交到课堂总结时进行集体讨论。探究期间教师不能干涉学生的活动，只加以引导启发，使教学活动不能偏离预设目标。

(3) 师生合作,总结点评

小组负责人分别进行总结汇报。教师总结点评是案例教学法的归宿。教师要及时总结评价学生讨论案例的优缺点,分析案例问题的疑难点,有针对性地对案例进行深入的分析。对学生讨论中暴露出的问题有针对性地点拨,教师要教会学生从不同角度、用不同方法来探究解决案例问题,和学生一起总结出解决问题的最佳方案,教会学生有效地运用所学的知识来解决案例或实际问题。教师在总结点评中要有目的地指导学生对理论知识的运用,让学生能够运用所学的知识解决社会热点、时政焦点及自身实际问题,把学到的理论知识延伸、应用,内化为自己的具体行动,达到以“例”明“理”,以“理”释“例”,以“例”明“德”,以“理”导“行”的目的,在实行智育的同时实施德育,既教书又育人。

3. 案例式教学模式案例

案例往往出现在所有知识的实践应用中,实际教学中应提炼并编写社会生活和生产中的应用场景。表 1-10 是诊所法律教育课程中的“实案模拟”案例教学示范,展示了案例式教学模式的操作流程,突出了学生亲身参与、合作探究的比例,让法庭中的案例真实生动地再现到课堂上,帮助学生在参与的过程中亲身经历、参与实践。

表 1-10　案例式教学模式案例

<table>
<tr><td colspan="2">学情分析</td><td colspan="2">法学本科三年级学生,经过选拔进入法律诊所学习,并初步完成了诊所法律教育课程中的理论部分,并在诊所值班室参加了值班实践。本案例是在先前咨询与接案、事实调查、辩论与表达、文书与写作、谈判与调解以及诉讼流程各教学单元学习完毕的基础上,对所学过的诸项律师执业技能所做的回顾和反馈。在前面分解的单元学习中,学生已经逐步适应了诊所法律教育中以学生为主体、开放式和灵活性的教学模式</td></tr>
<tr><td rowspan="4">流程</td><td>案例导入</td><td>事先把案例教学的基本要求和程序向学员讲清楚,使学员对案例教学有所认知,课前将案例发给学员,同时向学员介绍查阅与案例相关的背景资料的途径和方法</td><td>学生分组,自由组合,并编小组号;
课前阅读案例相关材料,查阅文献资料,认真分析、冷静思考</td></tr>
<tr><td>情景模拟</td><td>案例导入:围绕课程目标,进行案件模拟,让学生在一个逼真法律环境中,亲身经历一个案件从接案到结案的完整过程,运用学过的法律规定和诉讼技巧,体验的活动。
模拟案件:农民工在工作过程中,被农用车撞伤……(按照案情的不断进展,共分 4 幕,包括案件从法律诊所咨询接案到最后法庭结案的全过程)
当事人可由法律诊所教师扮演</td><td>学生扮演法律诊所值班人员、法官、检察官、律师、原告、被告等角色</td></tr>
<tr><td>案例分析讨论</td><td>教师指导案例讨论过程,引导学生去思考,去争论,去作出决策,解决案例中的特定问题,同时引导学生探寻特定案例情景复杂性的过程及其背后隐含的各种因素和发展变化的多种可能性</td><td>学生小组团队协作、查阅资料,就案例展开讨论,分析案例中的疑难问题和最重要的信息,解决问题的方法,作出决策</td></tr>
<tr><td>总结归纳</td><td colspan="2">学生和教师共同概括总结,发现案例中的关键点以及该案例讨论中的成功和不足之处</td></tr>
</table>

（三）探究式教学模式

1. 概念

探究式教学模式是指在学习概念和原理时，教师在教学过程中通过一定的教学情境设置相应的事例和问题，让学生通过独立阅读、观察、实验、思考、讨论、听讲等途径去独立探究，使学生在合作、探索的过程中自行发现和掌握事物发展的起因、事物内部的联系，从中找出解决问题的方法和步骤、形成自己的概念，进而提升自己学习能力。

探究式教学是以问题为教学主线，以学生小组合作的形式贯穿教学全过程。也就是说，探究式教学包括两个层次，即教师的指导和学生的自主、探究学习。教师把教学内容转化成一个个核心问题，在教师的引导下，通过问题的提出、解决，逐步完成教学内容，使学生的知识在学习探究过程中逐步构建起来。学生从分工、实际操作到小组展示交流，整个过程都在考验学生团队协作、交流沟通的能力。

探究式教学内容不固定，具有很强的开放性，对问题的解决不只运用单一学科的知识，还要综合运用，整合多个学科的知识。评价内容、评价方式、评价标准是多元的、发展的，既要重视知识的运用，评价学生分析问题、解决问题的能力，又要评价学生在学习过程中的情感态度和价值观。

2. 教学流程

探究式教学应该遵循学生的认知规律，以学生主动参与为前提，自主学习为途径，合作讨论为形式，培养创新精神和实践能力为重点，构建教师导、学生学的教学程序，一般操作流程如图 1-8 所示。

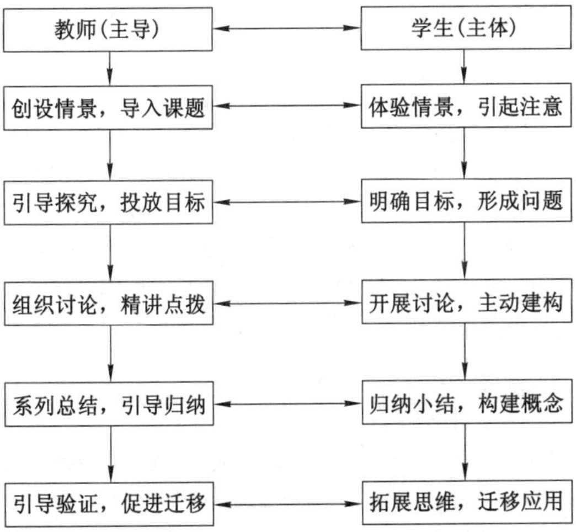

图 1-8 探究式教学一般流程图

（1）设疑导入，激趣引题。依据课程的教学目标、教学的具体内容、学生的实际学业水平、教师预设探究的问题，问题的提出要有层次性、不断加深。激趣引题是指教师的课堂导入，为学生自学探究作铺垫，激发学生的探究思维，主动地进入自学探究阶段。

（2）开放课堂，探究解疑。教学中，教师提供一定的实验条件或必要的文献资料，帮助学生拟订合理的研究计划，选择恰当的方法，由学生自己动手去实验或者查阅，提出假设、寻求答案。学生是探究者，整体的教学活动是学生的一次“再探究、再发现”的活动过程。开放课堂是指在富有开放性的问题情境中进行实验探究，是教学的关键。学生的探究包括自学探究和合作探究，其中的自学探究的目标是挖掘潜力，发挥其自主性，培养自主学习习惯和自学能力。合作探究是学生以讨论交流、小组合作的形式开展实践，合作学习能使学生在合作讨论中看到问题的不同侧面，对自己和他人的观点进行反思或批判，从而建构起新的和更深层次的理解，使获得的概念更清楚、结论更准确。合作探究可以是分小组也可以是大班集体探究，即抓住中心议题或关键性问题，让学生各自发表见解，集中解决难点。

（3）顺势点拨，诱导探究。整个教学活动中，教师是一个组织者。教师的职责是调动和鼓励学生积极地发现问题、独立思考、自主学习，指导和规范学生的探索过程。教师要根据学生合作探究的进展情况，密切关注教学的进程和存在的问题，及时进行引导和调整，帮助学生跨越探究学习过程中的障碍，促进学生思维能力的提高。

（4）总结提升，深化探究。探究式教学的形成性评价和学生自我评价，主要是总结探究活动的基本收获。教师既要对学生积极主动参与探究的精神给予充分肯定，又要对学生运用的探究方法给予适当的总结和引导，还要得出问题结论为学生以后解决类似或相关问题指路。

3. 探究式教学模式案例

探究式教学不仅可以使学生对知识和技能的掌握进一步深化，而且在学生自主探究过程中更容易培养其创新意识和创新思维。此教学模式建立在学生学习过程的主体地位和教师的适时引导和支持的基础上，以表1-11所示的关系数据库原理课程中的一个“银行存取款的并发一致性问题探究”案例，说明具体的操作流程。青年教师可以根据自身的专业和课程特点，灵活操作。

表 1-11 探究式教学案例

教学目的	通过引入高并发环境下未经优化的银行存取款记账操作将出现错误这一问题，组织学生探究如何利用所学封锁协议及事务隔离级别知识解决该并发问题。该探究式学习案例既要锻炼学生如何活用已有知识，也要锻炼学生跳出传统思维模式，形成创新思维模式。传统三级封锁协议中并未定义如何在读之前加排它锁，课堂上提供的方法均无法解决该问题，这就要求学生一要通过“数据库设计”的知识改进数据库结构设计，找准数据加锁位置；二要在深刻理解原理知识的基础上探究如何实现“读之前加排它锁”的方法
背景知识	（1）常见并发一致性问题： 丢失的修改、不可重复读（含幻影读）、读脏数据。 （2）三级封锁协议与事务隔离级别： ① 一级封锁协议：事务T在修改数据A之前必须先对其加X锁，直到该事务结束才释放X锁。优点：为防止丢失修改奠定基础。缺点：不能保证可重复读和读脏数据。 ② 二级封锁协议：一级封锁协议加上事务T在读取数据A前必须先对其加S锁，读完后立即释放S锁。优点：可以防止丢失修改和读脏数据。缺点：由于读完数据后即可释放S锁，所以不能保证可重复读。 ③ 三级封锁协议：一级封锁协议加上事务T在读取数据A前必须先对其加S锁，直到该事务结束才释放S锁。优点：可防止丢失的修改、不可重复读和读脏数据。缺点：无法避免“幻影读”。 （3）SQL Server支持的四种事务隔离级别。 ① 未提交读：事务隔离的最低级别，仅可保证不读物理损坏的数据，对应一级封锁协议。 ② 提交读：SQL Server的默认级别，可以保证不读“脏”数据，对应二级封锁协议。 ③ 可重复读：可以保证读一致性，对应三级封锁协议。 ④ 可串行化：事务隔离的最高级别，事务之间完全隔离，在该级别上可以保证并发事务均是可串行的

表 1-11(续)

<table>
<tr><td rowspan="3">流程</td><td>案例导入</td><td>课前准备：
建立测试用基础数据库，并提供建库用 SQL 代码文件。建立基准测试程序向学生提供两个应用程序源代码。一个是在不考虑并发情况下完成 10 笔存取款业务的程序代码，程序输出正确结果。二是在并发环境下采用相同方法完成 10 笔存取款业务的程序代码，程序输出结果错误。
提出问题：提供张三银行存款账户数据，现在要求学生编写程序，完成两项功能：存款与取款。每次操作完成后向明细表中插入一行记录并更新账户余额。
提供传统解决办法：
① 读取最后一行记录的账户余额数据。
② 根据存、取款金额计算出新的账户余额。
③ 将新的记录插入表中。
传统解决方法的弊端：在没有并发的情况下，存取款均可正确完成，一旦引入并发，账户余额信息迅速出现问题。
问题探究：有没有好的办法在高并发环境下迅速而无误地实现存取款操作</td><td>学生 3～5 人自由结组，推选出小组长</td></tr>
<tr><td>开放课堂自主探究</td><td>针对学生讨论中存在的问题，教师予以方向性引导，避免探究方向跑偏；对学生在探究过程中遇到的共性问题加以讲解</td><td>课前阅读案例相关材料，对问题展开调查研究，主要利用图书馆电子期刊数据库和互联网进行检索。重点检索此类并发问题产生的根源以及解决办法。
在附件提供的源代码基础上，以小组为单位自己开发应用程序，对探究的解决方案进行软件测试，查看新的解决方案能否有效解决并发问题，数据操作的正确率如何，时间效率如何，制作 PPT 为分组讨论做准备。
课堂上，抽调 3～4 个小组上台汇报探究学习结果，内容包括：解决方案的工作原理；实验手段与实验结果；感想与收获。对于未能成功解决该问题的小组也要汇报阶段性进展及存在的问题。其他组成员对解决方案进行评价并加以讨论</td></tr>
<tr><td>总结归纳深化探究</td><td colspan="2">学生和教师共同概括总结。教师引导学生对问题进行总结和解答，对学生的探究过程和结果进行评价，对探究知识点进行补充、拓展和深化</td></tr>
</table>

（四）PBL 教学模式

1. 概念

PBL(Problem-Based Learning，简称 PBL，也称作问题式学习)教学模式是通过将学习者置于积极的问题解决者角色，并在探究反映现实生活问题的过程中，发展问题解决策略，掌握学科知识技能的一种教学模式。它根据教材的特点及教学大纲的要求重新整合教材，科学设计问题，把学习设置到复杂的、有意义的问题情境中，贯穿课堂始终，通过学生之间的合作、讨论，探究、多种学习途径相融合来学习相关的学科知识。通常运用于医学院校教学、学校教育以及高级管理人员的在职教育与继续教育中。

PBL 教学模式特点是以问题为基础、以学生合作学习为主和以问题解决为中心。教师所提出的问题是能将学科知识与现实社会问题紧密衔接的问题，通过问题的解决可以帮助学生将所学知识有效迁移到现实问题的解决中。学生在解决问题的时候，要综合运用相关学科的知识进行整理和分析，因此实现了学生对已学各学科内容的整合和综合分析理解，实现知识融合的目的。

亚里士多德认为，思维是从惊讶和问题开始的。疑是思之源，思是智之本。有了"疑"而又能独立思考，敢于坚持自己的意见，才有了"敢于争论"的思想基础。PBL 教学模式旨在发展学生的思维和推理机能，帮助学生通过学习建立起有深度、有广度的知识基础，形成有效的发掘问题、分析问题和解决问题的技能，成为独立的、自主的学习者。学生通过分工合作、团队协作解决问题，形成一个小组成员密切协作的学习共同体，通过查找文献、资料整理、分析讨论、协作研究，创造性地综合运用所学过的知识找到解决问题的方案，既充分发挥了学生的主动性和创造性，培养了学生的创造力，又可以加强学生之间的沟通、交流和合作学习的能力，成为有效的合作者。

2. 构成要素

PBL 教学模式的核心要素是问题、学生和教师三个方面。

(1) 问题。教师首先要确定希望学生掌握的基本原理和基本技能，所设计的问题要以课程目标为基础，与学科重要的概念和原理相联系。教师应根据学生的年龄特征和认知水平从不同角度设计不同深度的问题，所涉及问题要以现实生活可能遇到的问题或案例为核心，具有一定的实践性、复杂性、挑战性和多层次性，能够发展学生实际解决问题的能力和高级思维能力。设计情境，也就是对问题进行包装，要从学生已有的经验出发。情境既要能引发学生的兴趣，又要能有机地融合问题。

(2) 学生。学生是解决问题的主体，学生通过小组合作，以查阅资料、阅读文献、交流讨论等方式来解决问题。

(3) 教师。教师在教学中是教学的监督者、资源的提供者、知识建构的促进者和学生自主学习的指导者和评估者。教师不但对本专业、本课程内容要熟练掌握，还应当扎实掌握相关学科知识，并要具备提出问题、解决问题的能力以及灵活运用知识的能力。更重要一点是教师应具有良好的组织管理能力，要善于调动学生积极性，控制课堂节奏，寓教于乐。整个教学过程中，教师的主要任务是：设计问题，帮助学生感知问题，指导学生复习旧知识、学习新知识及运用知识解决问题，评价、反馈学生行为，组织课堂检测。

3. 教学流程

PBL 教学模式以学生提出问题为前提，以学生主体主动参与学习为基础，围绕问题的提出、分析和解决为主线展开教学活动(图 1-9)。教学活动主要以问题为主线，观察课堂教学的始终，学生在提出问题、分析问题、解决问题的过程中完成知识的生成和内化，同时培养学生主动学习的意识和合作交流的能力。

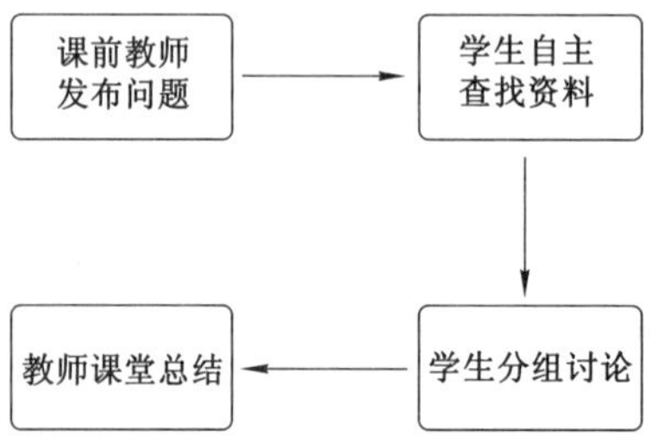

图 1-9　PBL 教学模式一般流程

(1) 创设情境，提出问题。上课前，教师围绕教学目标预先创设难易适度、贴近学生认知水平的开放性问题情境，发布问题，同时提供学生与问题相关的文献资料、网站信息和网址。学生通过网络教学平台或其他途径接收问题。

(2) 自主探究,分析问题。学生根据教师提供探究的材料和信息,查找解决问题的思路。教师要适时引导学生独立探究、分析问题,为解决问题打下基础。

(3) 合作交流,解决问题。学生个人或在小组内针对问题采用查证资料或讨论验证等方式进行研究,进而逐步形成问题的解答。在这一过程中,教师不能干涉学生的学习活动,而只是及时收集信息,在学生解决问题的过程中提供建议和指导,适时引导调控。教师收集同学们存在的共性问题、疑难问题、核心问题、难点问题,组织学生汇报、讨论、交流。

(4) 总结评价,拓展问题。该环节主要包括学生自我评估、小组互评及教师评价等。教师最后进行总结,对学生在问题解决过程的表现和结果进行分析和评价,同时对解决的问题再质疑,使问题得以拓展与延伸,使学习的知识系统化,从而为探求新知奠定基础。

4. PBL 教学模式案例

PBL 教学模式是以问题为基础组织学生学习的,要求学生围绕问题的解决展开学习活动,倡导学生通过自学、文献查询、讨论和小组合作解决问题。表 1-12 展示的是医学基础课组织学与胚胎学中“消化管”部分的一个教学案例,教师通过设立慢性胃炎的临床病例情境,提出与病例相关的层次递进、学科交叉的问题,引导学生查阅相关资料、讨论探究得出相关结论,形成相关医学思维,仅供青年教师参考。

表 1-12 PBL 教学模式案例

<table>
<tr><td colspan="2">教学目的</td><td colspan="2">创设问题情境:慢性胃炎患者就医,提供患者的病情介绍和检查报告。教师将本节课的重点和难点设置成具有逻辑关系、难度层层递进的问题(相关基础学科解剖、组胚、生理和病理学)融入临床慢性胃炎的发病因素、临床表现和诊断中,提出问题,组织学生分析问题,找到解决方案。该学习案例既要锻炼学生如何活用已有医学知识,也要锻炼学生跳出传统学科思维模式,形成跨学科跨专业的思维模式,能够运用所学医学基础知识分析临床实践中的问题;初步学习医学文献的检索、查阅技术;掌握团队协作、讨论交流的技巧</td></tr>
<tr><td rowspan="3">流程</td><td>案例导入</td><td>课前准备:设置问题情境(慢性胃炎患者的病情介绍和检查结果展示),提出问题(跨学科、跨专业的问题,以层层递进的逻辑关系呈现问题)。将病例和设置好的问题在课前通过网络平台展示给学生</td><td>学生自由结组,自选组长。
接受问题,课前阅读案例相关材料,对问题展开调查研究,主要利用图书馆电子期刊数据库进行检索;互联网进行检索。重点检索此类并发问题产生的根源以及解决办法。
小组内,学生利用所学知识和收集的文献自主解决问题,在组内提交解决问题方案,进行组内讨论,凝练成小组解决方案</td></tr>
<tr><td>自主探究
合作解疑</td><td>针对学生讨论中存在的问题,教师予以方向性引导,对共性问题加以讲解</td><td>课堂上,小组长上台以 PPT 的方式汇报本小组讨论的结果,内容包括文献综述、学习到的知识点、解决问题的方案以及从解决问题过程中受到的启发和感悟。对于未能成功解决的问题或不能形成统一意见的问题也要提交,开展课堂讨论。其他小组对解决方案进行评价并加以讨论</td></tr>
<tr><td>讨论释疑
总结评价</td><td colspan="2">师生共同参与。教师对学生讨论结果进行总结,对问题分析、讨论和解决过程中学生的共性问题和教学中的重点、难点进行集中讲解,并进一步拓展问题的深度和广度。学习效果评价更重视过程性评价。过程性评价包括学生在问题解决过程中的表现和能力水平,由生生互评和教师评价两部分组成</td></tr>
</table>

在实际教学中，不同的教师在同一节课或同一章节的不同课时中，可能会采用不同的教学模式，如传统教学模式或现代教学模式；也可能以一种模式为主，辅之以其他教学模式，这些都要根据学科的特点、课程的特点和教材的需要，满足具体教学目标的要求。

第二章 信息技术

第一节 网络教学平台

网络教学平台以“课程教学”为核心，支持按照知识单元长期滚动建设课程，支持教学资源的组织、积累与共享，支持教学过程跟踪统计，教学过程与评价展示相结合。同时，为满足学校课程资源建设和混合教学改革，支持教师开展多模式教学，支持慕课（MOOC）、微课程学习单元式教学，支持自主学习、探究学习、合作学习等研究型教学等，为教师用户提供了强大的在线备课工具和施教环境，以及充分的师生互动功能，极大地拓宽了课程教学空间。本节以清华在线网络教学平台为例，系统介绍网络教学平台的意义、功能架构和操作步骤。

一、简介

清华教育在线（THEOL）平台是由清华大学教育技术研究所设计并在国内200余所院校使用的一个较成熟的教学平台。它根据不同的教学模式、不同教育对象的特点，为开展网络教学提供灵活的，可缩放的，适合多种层面、多种对象及多种网络环境的交互式教与学平台。

THEOL平台具有合理的课程设计模块、丰富的资源中心、便捷的统一身份认证机制、稳定的平台运行程序等特征，打破传统教学模式，为师生提供一个虚拟的学习环境，使学生成为学习中心，推动教学方法与手段的变革。

二、平台架构和主要功能

（一）平台架构

该教学平台由课程建设、课程学习、学习社区、学习分析及课程管理等五大部分组成。在教学平台中，利用课程介绍、教学大纲、教学日历等常规的模块对教学内容、教学资源进行展示；利用课程通知、答疑讨论、课程问卷等模块进行教学交互展示；在THEOL网络教学平台还可进行教学效果评价，如课程作业、在线测试和试题库等模块。这样的构架提供了网络课程设计的基本流程，通过该功能实现师生互动，对学生的学习情况进行跟踪管理，并对学生学习的情况进行统计。另外，还提供精品课程功能，教师可以根据自身情况进行精品课程的申请与建设。

（二）主要功能

THEOL 教学平台主要功能不断更新、成熟，利用网络学习、数字化教学资源、流媒体的应用，支持课程管理、教学内容与活动的深层次整合，支持教学资源的组织与管理，可以对学生在线学习综合分析与评价，同时还支持站内学习社区、站外社会网络系统的分享功能。

THEOL 教学平台功能如图 2-1 所示。

图 2-1　THEOL 教学平台功能框图

三、使用说明

（一）系统登录

直接在 IE 浏览器地址栏输入网址：http://60.2.249.185/meol/homepage/common/，输入用户名和密码，点击“登录”按钮，教师登录教学平台的用户名和密码与登录教务系统的信息完全一致，如图 2-2 所示。

图 2-2　系统登录

（二）修改密码

教师登录网络教学综合平台，进入“个人首页”页面。在最左侧点击“修改密码”按钮，进入新页面。输入旧密码、新密码、确认新密码，点击“确定”按钮，完成修改密码操作（图 2-3）。

图 2-3　修改密码页面

（三）课程教学空间

在页面上方列出了八个导航栏,分别是"个人首页""我的课程" "研究型教学""精品课程""教学播客""课程联盟""资源中心""学习社区"。其中教师的网络课程建设和教学主要在"我的课程"模块中进行。点击首页导航栏"我的课程"按钮,进入新页面。在页面中浏览主讲和助教的全部课程。点击其中一门课程名称,进入该课程教学空间(图 2-4)。

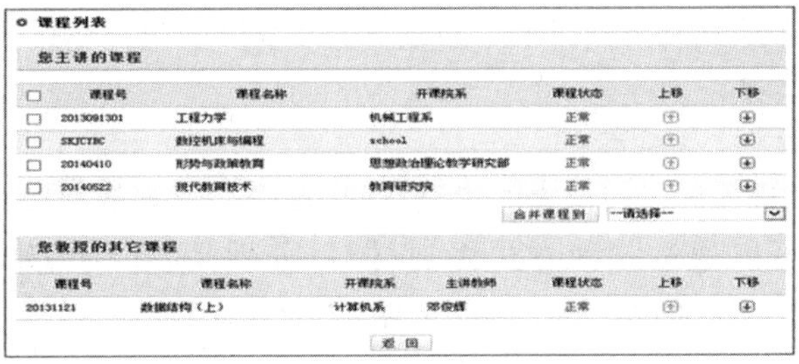

图 2-4　个人任课信息列表

（四）编辑课程基本信息

点击进入某一门课程的建设空间,点击上方导航栏中的"课程管理"栏目,左侧会出现全部"课程管理"相关栏目,单击左侧"课程介绍""教学大纲""教学日历""教师信息"进入相应栏目进行修改即可(图 2-5)。在复制图文混排的文字时,请用"上传图片"按钮,单独上传图片;当遇到文字格式混乱,或者复制网页上的文本时,请先在记事本中过滤一下格式,再粘贴到编辑器。

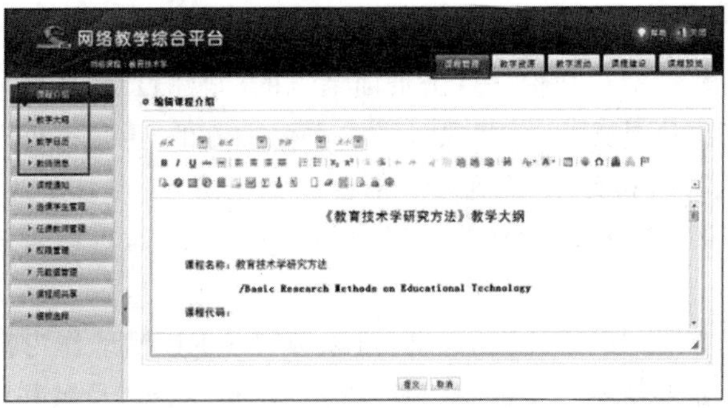

图 2-5　编辑课程基本信息

（五）管理课程元数据

点击"我的课程"进入某一门课程的建设空间,点击上方导航栏"课程管理"下"元数据管理"子栏目,右侧操作区显示课程元数据管理页面。课程的章节、课次和知识点的添加、删除和修改操作方式一样。下面以章节管理为例。在章节列表下方的"添加章节"栏,选择上级章节，输入章节名称，点击“添加”按钮即可添加新的章节(图 2-6)。

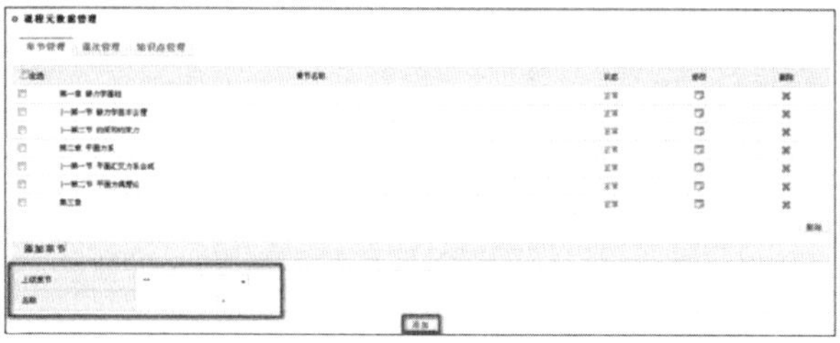

图 2-6　添加章节

（六）设置课程模板

点击“我的课程”进入某一门课程的建设空间，点击上方导航栏“课程管理”下的模板选择子栏目，页面显示课程样式选择页面。勾选所要选择的模板，点击“确定”按钮即可。

（七）填充教学资源

1. 教学资源建设

点击“我的课程”进入某一门课程的建设空间，点击上方导航栏“教学资源”进入教学资源建设空间。教师可以通过三种方式添加材料，分别是“在线编辑”“上传文件”“添加URL”。另外，教师还可以通过“导入资源”来导入“个人资源”“精品课程”“教学播客”“资源推送”中的资源(图 2-7)。

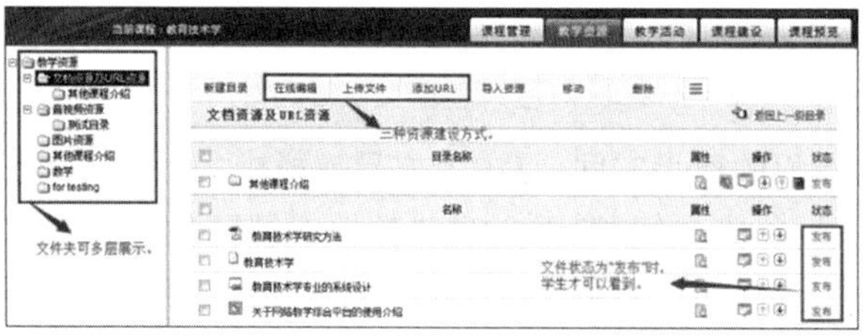

图 2-7　教学资源编辑

其中在线编辑方式参见课程基本信息编辑；上传文件和添加 URL 举例说明如下：

(1) 建立课程的教学资源结构。点击页面上方的“新建目录”按钮，建立教学资源目录。

(2) 点击教学资源目录，进入该目录。点击页面上方的“上传文件”按钮，可以将本地的材料(比如教学课件、习题集等)上传到教学平台。

(3) 点击教学资源所对应的“操作”一列中的“编辑”图标，可以对该课件的名称等属性进行修改。

(4) 点击页面上方“添加 URL”功能键，可以填写 URL 网址作为教学内容。

(5) 发布状态。需要特别注意的是，只有处于“发布”状态，目录和资源才能被选课学生所看到。对于处于“未发布”状态的目录和资源，只有教师可以看到，而选课学生则无法看到。点击目录或资源所对应的“状态”一列中的“发布”或“未发布”按钮，可以将相应的目录或资源设置为“发布”或“未发布”状态。值得注意的是，教学资源有空间限制，请合理利用材料空间；如果因空间不足无法添加资源，请联系学校管理员。

2. 教学资源权限设置

点击上方导航栏中的“教学资源”栏目，点击文件目录后的“权限设置”按钮。教师可以根据用户角色的不同设置不同的权限，勾选权限选项前的复选框，点击“确定”即可。

（八）教学活动设计

网络教学平台利用各模块功能，进行课程的教与学的整合，对教学活动进行系统化的设计（图 2-8）。

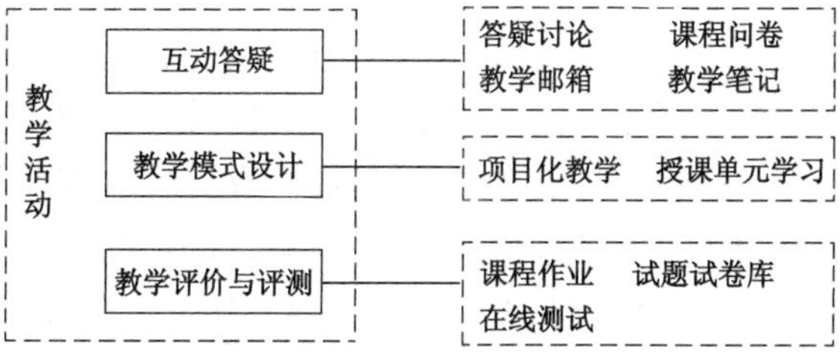

图 2-8　教学活动设计

1. 答疑讨论

答疑讨论栏目为教师和学生以及学生和学生之间提供了答疑、讨论和交流的功能。该栏目包括课程讨论区、常见问题、自动答疑和邮件答疑。以教师身份登录系统后，点击页面上方导航栏中的“我的课程”，进入某一门课程的建设空间。

(1) 点击上方导航栏中的“教学活动”，进入教学活动设计界面。

(2) 点击左侧栏目“答疑讨论”栏目，弹出二级栏目“课程论坛”“常见问题”“自动答疑”“邮件答疑”。

(3) 点击二级栏目“课程论坛”，进入课程讨论区，此讨论区与 Internet 上的 BBS 使用方法相同。

(4) 点击二级栏目“常见问题”，进入常见问题页面（图 2-9）。“常见问题”由“问题列表”“个人答疑”“问题分类管理”三部分组成。在“问题列表”中，教师可以查看常见问题的基本信息，并对常见问题进行编辑和删除等操作。在“个人答疑”中，教师可以对学生提交的答疑问题进行回复，并可以将某一个学生提出的具有典型意义的问题作为常见问题推荐给全体学生。教师可以灵活地将几个栏目结合起来运用，以提高师生互动的效率和质量。

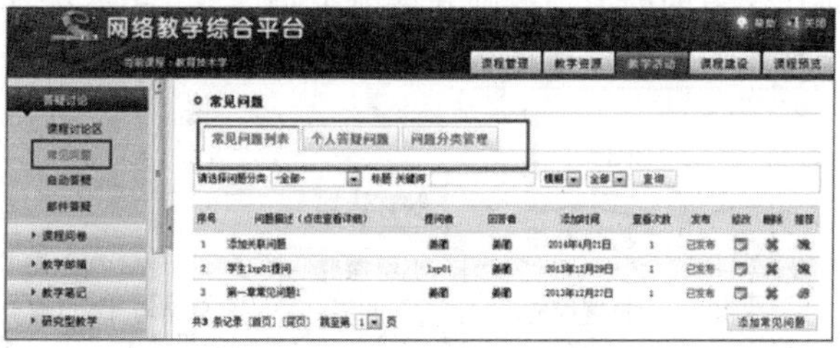

图 2-9　常见问题查看页面

2. 布置作业

课程作业是教师布置作业，批阅作业，统计分析作业使用情况和学生完成情况的空间。在线布置和管理课程作业的基本流程如图 2-10 所示。

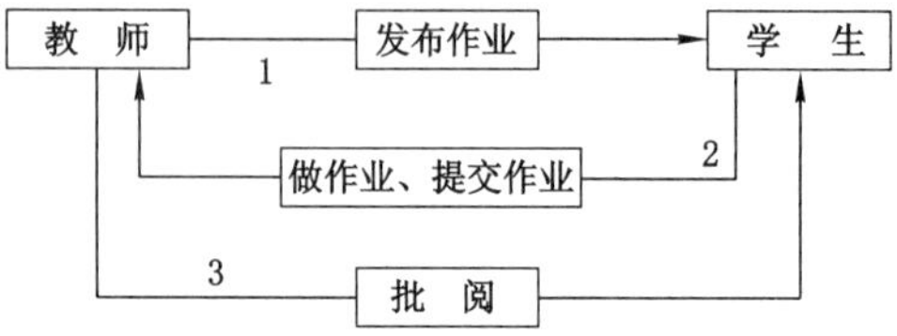

图 2-10　作业管理流程

以教师身份登录系统后，点击页面上方导航栏中的“我的课程”，进入某一课程的建设空间。点击上方导航栏中的“教学活动”，进入教学活动设计界面。点击左侧栏目“课程作业”，进入课程作业页面(图 2-11)。课程作业中包含“作业模板管理”“作业管理”“统计分析”二级栏目。在“作业模板管理”栏目中，教师可以依据本门课程的教学经验，按章节、知识点、题型等不同方式对相关作业进行整理编制，形成不同的作业模板。在“作业管理”栏目中，教师可以通过浏览、修改、布置、批阅、下载等功能对作业进行管理。在“统计分析”栏目中，教师可以根据教学评价和考核要求，对学生作业的成绩进行统计分析并导出结果。点击“作业模板管理”，添加一个新作业模板。点击“作业管理”，选用刚刚添加的作业模板，填写标有“必填”的项目，完成作业的布置。应特别注意的是，教师布置的课程作业只有在发布以后学生才能看到，否则学生无法看到课程作业。

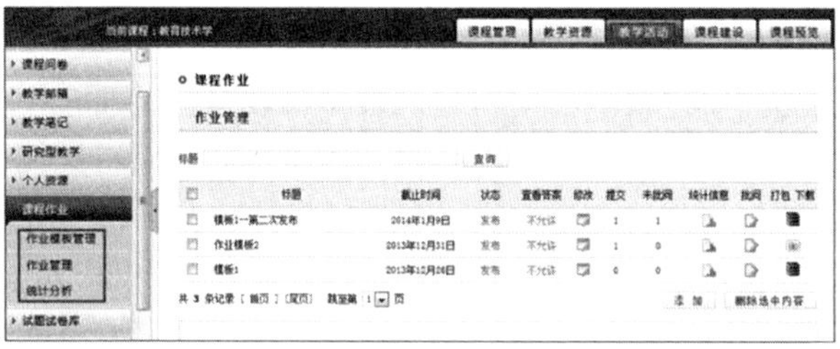

图 2-11　课程作业页面

(九) 研究型教学

研究型教学是一种新型教学模式，这种模式是以学生为中心，教师设置好问题情境，引导学生以小组为单位，开展自由讨论，由学生自主发现问题、提出问题，共同协作完成某一项任务，从而培养学生协作学习的能力。教师开展研究型教学，首先要创建探究主题；其次建立学生小组；再次学生按小组协作完成任务；最后对探究成果进行评价，其使用流程图如图 2-12 所示。

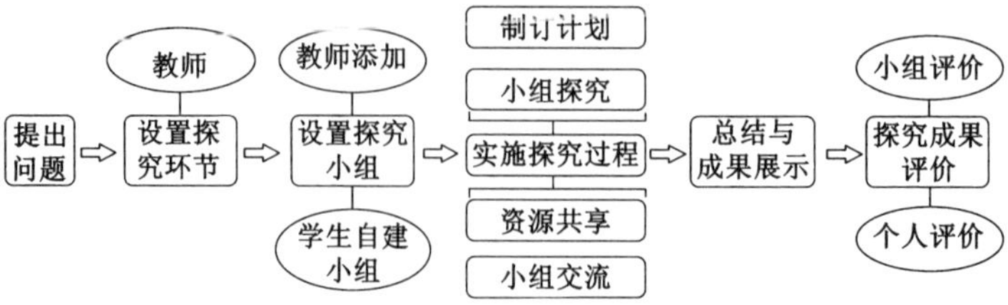

图 2-12　研究型教学模式使用流程

(1)(教师)创建探究主题,设置探究主题的基本信息

教师进入课程教学空间,进入“教学活动”模块,点击左侧“研究型教学”的二级栏目“研究型教学管理”,进入“研究型教学管理”页面(图 2-13),教师可以进行探究主题的创建、编辑、发布、栏目权限、重置、删除、以及小组管理等操作。点击“主题信息设置”标签,进入主题信息设置页面,输入栏目名称、栏目说明,点击“编辑内容保存成新栏目”即可添加栏目。选择主题信息样式。点击“选择主题信息样式”图标,点击需要选择的主题信息样式所对应的单选按钮,则该样式将被选中。选择完毕,点击页面下方的“保存”图标,保存结果。

图 2-13 研究型教学管理

(2)建立学生小组

进入“研究型教学管理”页面,点击某主题所对应的“小组管理”图标,进入探究小组管理页面,点击“小组管理”按钮,创建学生探究小组,选定组员、并指定小组组长(图 2-14)。

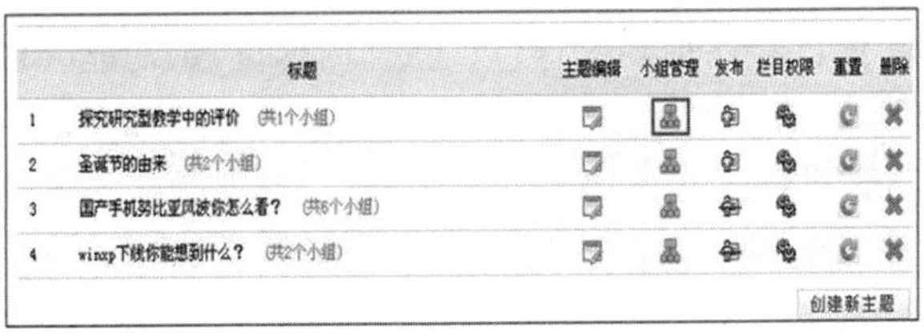

图 2-14 小组管理

(3)学生按小组协作完成任务

在创建好主题、设置好学生分组之后,学生可以进入自己的小组空间,查看探究计划,共享资源等,遇到问题时可以在小组成员之间开展讨论,最终完成任务,并将小组探究的成果放在“成果展示”栏目中。任务完成后,教师可以在成果展示页面查看学生小组的探究成果。

(4)对学生的探究成果进行评价

小组评价有“小组评价”“个人评价”两种方式,小组成员可以根据评价的标准进行打分,并填写评语。

(十)课程栏目设计与内容建设

1. 课程栏目设计

教师可以通过“栏目设置”对现有栏目进行更改,例如,添加、删除某些栏目,调整栏目的顺序等。另外,还可以通过引用的方式为栏目添加内容。

进入该网络课程的建设空间,点击左侧导航栏的“栏目设置”进入栏目设置页面,页面展示了课程已经设置的栏目(图 2-15)。点击“添加栏目”按钮,在弹出的添加栏目窗口选择上一级栏目,设置栏目的名称、类型,点击“确定”按钮,即可添加成功。值得注意的是,“栏目类型”是指栏目内容的展示形式,可分为“单篇文章型”“列表型”“目录型”“教学活动型”;单篇

文章型栏目只能包含一篇文章，栏目内容直接以文章内容形式显示；列表型栏目中可以包含多篇文章，栏目内容以文章标题列表形式显示；目录型栏目本身不包含任何内容，只用作一级栏目，其所包含的子栏目可以为“单篇文章型”或“列表型”；教学活动型可快速引用“讨论区”“常见问题”“作业”“调查问卷”“在线测试”“研究型教学”“课程通知”等师生互动栏目中的内容。

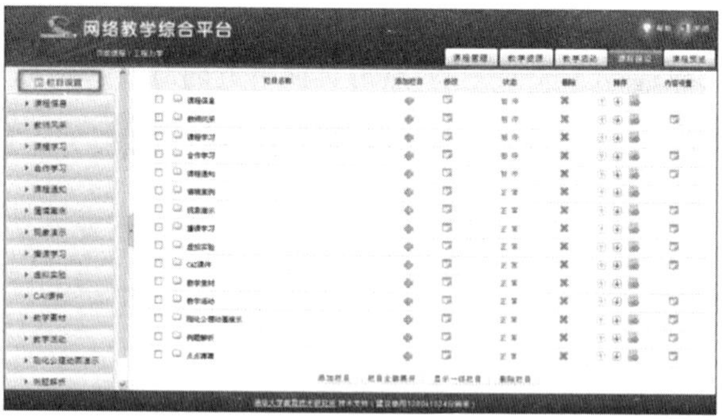

图 2-15 栏目设置页面

2. 栏目内容添加

(1) 引用教学资源中的文件

如果在“教学资源”中已经添加内容，可以通过“内容设置”功能，引用网络课程教学材料中的内容，作为课程栏目内容。此操作适用于单篇文章型栏目和列表型栏目。

(2) 采用“内容编辑”进行内容添加

点击课程建设左侧导航栏目进入课程各个栏目的内容编辑页面。

3. 教学活动引用

栏目类型为“教学活动型”的栏目，可以引用“讨论区”“常见问题”“作业”“调查问卷”“在线测试”“研究型教学”“课程通知”等师生互动栏目中的内容。以引用研究型教学模块为例。在栏目设置页面，点击左上角按钮，新建一个栏目类型为“教学活动型”的栏目，栏目名称暂命名为“合作学习”(图 2-16)。教师可以点击栏目名称后的“内容编辑图标”，进入选择栏目引用的页面。

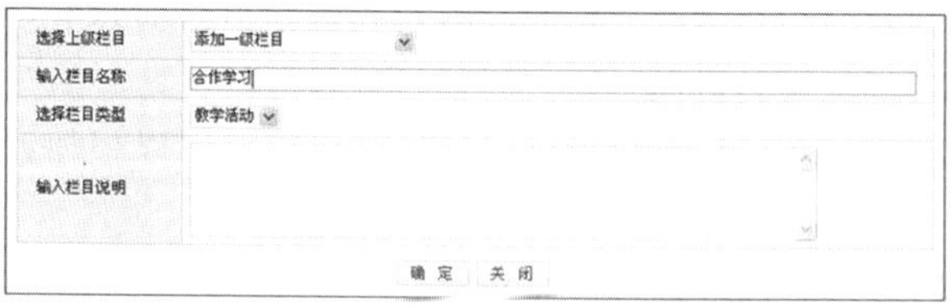

图 2-16 添加教学活动型项目

4. 预览建设效果

点击上方导航栏的“课程预览”，再进入页面点击“进入课程”，即可看到课程的建设效果。

(十一) 选课学生管理

要使学生能够看到教师提供的教学资料，参与到教学活动中来，必须将学生加入课程。

下面介绍最常用的一种方法。进入“我的课程”内部空间，点击上方导航栏“课程管理”，单击左侧导航栏“选课学生管理”下的“选课管理”，右侧操作区显示选课学生管理页面。

系统提供三种添加学生的方式：手工添加、批量导入、按班级添加学生。

(1) 手工添加

点击“添加学生”栏的“确定”按钮进入学生列表页面(图 2-17)。按姓名、院系等条件查找所要添加的学生，勾选“学生”，或点击“全选”，选择本页面的所有学生，再点击页面下方的“添加”按钮即可完成。学生列表中，学生所对应的复选框有灰色不可选和正常可选两种情况，灰色不可选表示此学生已经为该课程的选课学生，避免重复添加。除此之外，在学生申请选课的情况下点击“选课申请管理”，进入申请选课学生列表。

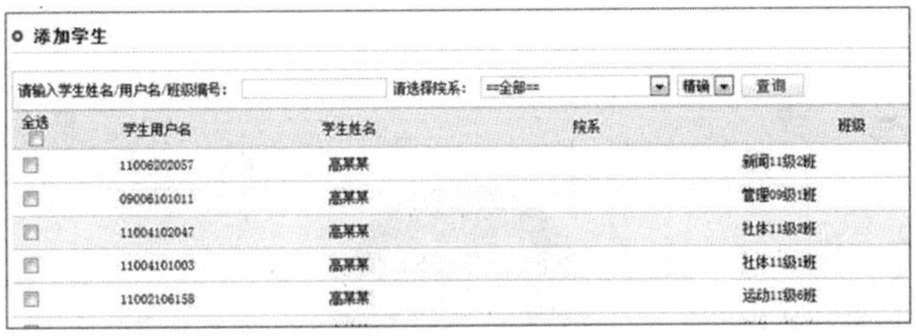

图 2-17　学生列表

(2) 批量导入

在“添加学生”栏，点击“下载样例”，下载样例表。严格按照样例表的要求填好学生信息，填好后保存到本地机。特别注意的是在 Excel 表格中填写的选课学生用户名，必须是已经在系统中注册的学生用户。点击“浏览”按钮，选择保存好的 Excel 表，点击“确定”按钮即可。

(3) 按班级添加学生

在“添加学生”栏中的“按班级加入学生”一栏，选择好院系和年级，点击“确定”按钮，进入该院系该年级的班级列表。勾选相应班级的复选框，点击“添加”按钮即可。

第二节　移动教学平台

随着移动互联网时代的到来，手机已经超越电脑，成为最主要的上网设备。为不断深化信息化教学研究与改革，丰富信息化教学手段，充分发挥信息技术在提高人才培养质量方面的积极作用，需要广大教师更新教学理念，主动学习和使动移动设备互联网教学发展，适度运用移动设备激活课堂，创新教学模式，增强教学效果，营造移动教学的浓厚氛围，推动信息化教学资源的建设与共享。本节以超星学习通 App 为例，系统介绍移动式教学意义、架构功能和操作步骤。

一、简介

超星学习通 App 是超星集团顺应时代的潮流倾力推出的新一代移动终端产品——学习通。它是一个集移动学习、知识共享、移动社交、组织管理四位一体的数字化知识空间服务系统。超星学习通依托于先进的移动互联网技术，基于海量的资源数据平台和便捷的移动社交平台，致力于打造一个提供优质资源、辅助培养教化、提升国民素质的移动学习平台，为国民提供一个无时不在的精神家园。

超星学习通具有实时交互反馈、创设多元环境、双向互动建设及个性特色交融等特点，利用大数据分析技术，对疑难之处随时答疑解惑，创设从“面对面”到“在线实时”“人与资源”充分交互的环境。此软件易于操作，适用于普通传统课堂、翻转课堂、多元混合式教学。

二、平台架构和主要功能

（一）平台架构

超星学习通 App 的学习系统主要是由移动课堂互动系统、移动修学分系统、移动阅读系统、移动开放课堂、移动教务系统及移动社交系统等六大部分组成。学习系统如图 2-18 所示。

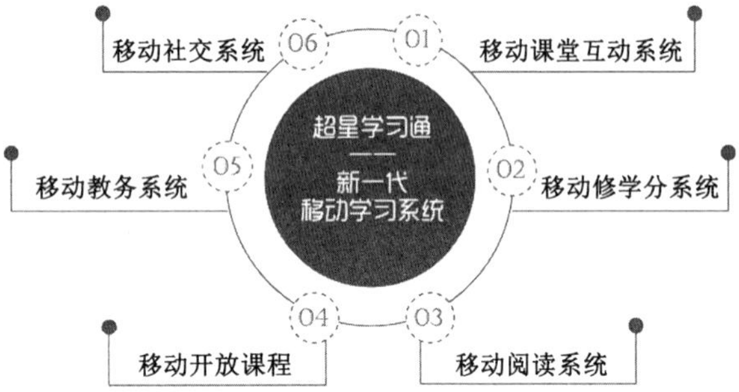

图 2-18　学习通学习系统

（二）主要功能

学习通依托各移动教学系统，突出以学生为中心，加强在教学过程中师生几各种教学资源之间的交互，营造平等、启发、共享、互动、合作、和谐的教学环境，打破传统的教学模式，改进传统的教学方法。通过系统平台间的搭建与协助，进行启发式探究式学习，帮助学习者从接受性学习向自主性学习过渡，转变学习方式，激发学习兴趣。其功能如图 2-19 所示。

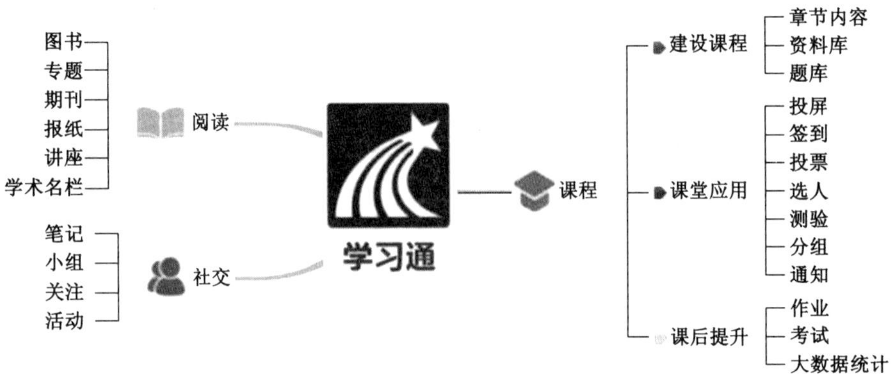

图 2-19　学习通功能框图

三、使用说明

(一) 平台安装

(1) 下载与安装

图 2-20 学习通二维码

用户可以通过以下三种方式下载学习通:① 安卓系统用户和苹果系统用户均可以用这个地址:http://apps.chaoxing.com/d。这个地址永久存在,内容会随着版本同步更新。② 在手机的"应用商店"中搜索"学习通"。③ 通过扫描二维码进行下载(图 2-20)。

安装完成之后点击"超星学习通",如果苹果手机打开提示"未信任程序",点击"设置"→"通用"中最下方的设备管理器,点击设备拼音,选择信任程序即可。

(2) 登录与注册

点击右下角"我的"→左上角"头像"→"其他"→"机构账号"进行登录。账号一般为工号,初始密码为"123456",若登录时出现异常问题,可与客服联系。

(二) 资源中心

(1) 个人账号

点击右下角"我的"图标,点击头像右侧的"个人邀请码",把邀请码或者二维码发给别人,通过首页右上角的"扫一扫"或"邀请码"功能,别人可以添加自己为好友。点击首页头像旁边的"读者花",可以显示出个人的学习通使用情况,包括使用、笔记、好友、收藏、阅读。

(2) 资源

资源包括:专题、图书、期刊、报纸、讲座、学术名栏(图 2-21)。以上资源不做逐一解释,点击"专题",进入该频道。专题频道包含丰富的特色专题,为读者自主创作、学习交流提供了方便。在专题内容页,支持点赞、评论、转发等。

(三) 教学应用-教师端

1. 移动课堂互动系统

从首页点击"我的课程",进入该频道。

2. 课程管理

(1) 创建课程

在课程页面,点击右上角的选项,选择创建课程(图 2-22)。进入课程页面后,对课程进行编辑点击"课程章节",进行章节的导入或者新建,进入课程页面后,对课程基本资料进行编辑,可通过课程管理/班级管理添加班级,导入学生。

进入课程页面后,对课程基本资料进行编辑,可通过课程管理/班级管理添加班级,导入学生。在课程页面,点击上课的班级,发起课堂活动(图 2-23)。

(2) 签到

课堂签到节省课堂点名时间,教师在移动端发布课堂签到,学生直接用手机通过扫描课堂大屏幕的二维码,或输入教师分享的邀请码等方式进行签到(图 2-24)。

(3) 抢答

教师可以在课堂上通过发布问题抢答进行提问,学生同时在移动端收到抢答提问,并可以迅速抢答。该系统可实时显示抢答顺序结果,获得抢答优先权的学生可以优先回答问题。

图 2-21 学习通资源展示

图 2-22 创建课程

图 2-23 课堂活动

图 2-24 签到

图 2-25 抢答

教师也可以通过移动学习系统进行随机选择学生进行提问(图 2-25)。

(4) 选人

教师发布选人,摇一摇随机选人,移动课堂互动系统会自动在已经签到的学生中随机选择学生(图 2-26)。

图 2-26 选人

(5) 课堂投票、问卷

教师可以在课堂上发布实时调查问卷,学生通过移动端进行投票,教师端可以立即统计投票结果(图 2-27)。

图 2-27　课堂投票、问卷

(6) 直播

可进行与学生的实时直播,直播结束可点击允许回看或不允许回看(图 2-28)。

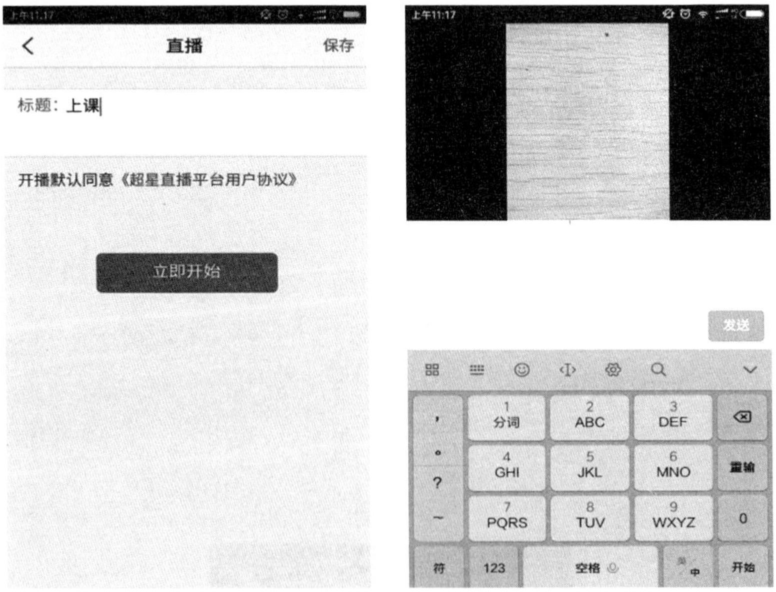

图 2-28　直播

(7) 课堂报告

该系统可以将所有课堂上的内容记录下来，生成课堂报告，强大的数据统计分析功能，为教学评估提供有力依据，实现了学习、互动全流程的数据记录、分析、应用功能；更可实时查看任一活动的详细参与情况，辅助管理者进行数据统计并做及时调整，得出课堂表现日志（图 2-29 和图 2-30）。

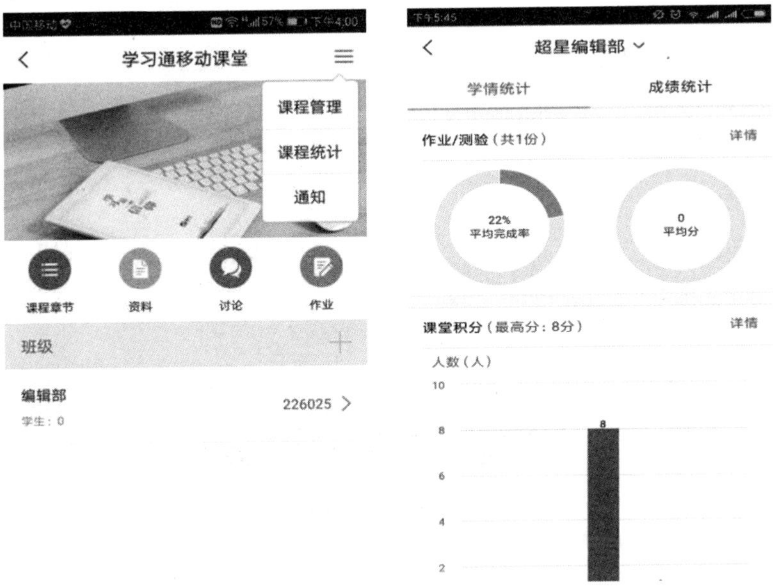

图 2-29　课堂教学报告

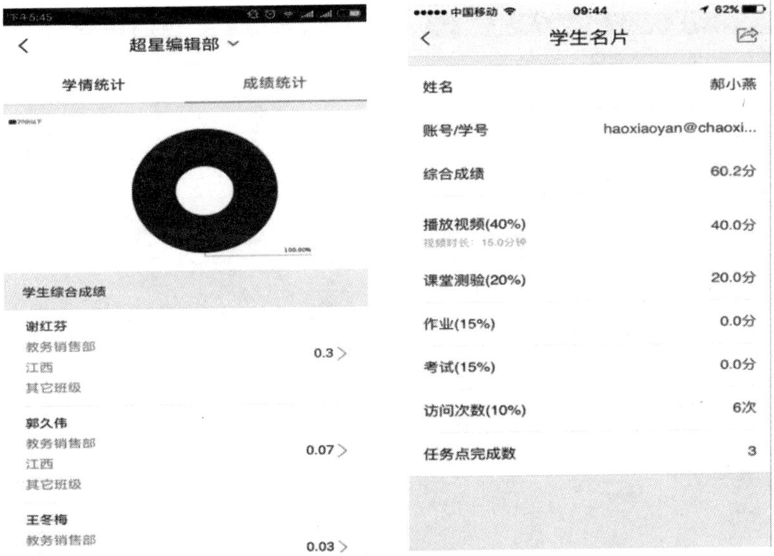

图 2-30　课堂表现日志

(8) 交流互动

该系统类似于微信的师生互动界面，极其简单，师生可以在该系统里方便地进行及时交流和各种课堂互动(图 2-31)。

图 2-31　交流互动

(9) 资料推送

教师可以将自己收藏的专题推送给学生,也可以将上传到超星云盘中的学习资料推送给选中的班级/学生(图 2-32)。

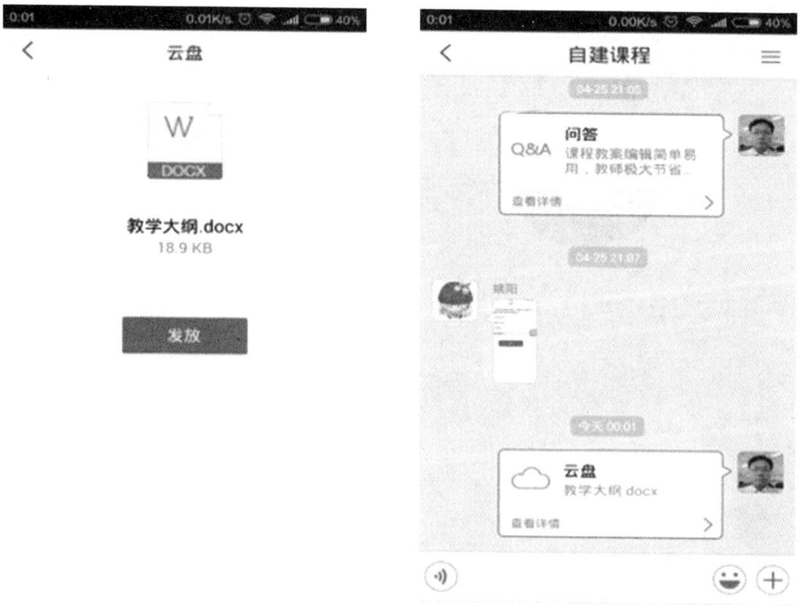

图 2-32　资料推送

第三章 教学技能

对于每一个教师来说,教学的成败更多地取决于教师的学识水平和教学技能。教师的教学基本技能一般指教师备课、课堂教学环节、学生学业成绩考核和评定等教学环节所必需的技能。青年教师在执教之初,就能够对以学科专业知识为基础的教案讲稿撰写、教学媒体的使用和编制教学软件、板书设计等一系列教学行为方式有一定的了解和熟练运用。在这里我们主要针对教案讲稿的撰写、PPT 的制做、板书的设计和课堂掌控能力进行详细地讲解。

第一节 教案和讲稿的撰写

一、教案与讲稿的概念和联系

教案全名为教学方案,也称课时计划,是教师在认真钻研教学大纲、教材、参考资料,分析学生情况后,形成的包括教学目标、重点难点、教学思路、教学环节和策略的文本表现形式,是教师为实现自己的课程教学目标、完成教学任务而将特定时段的教学活动及其内容和形式进行有机组合、有序排列而形成的教学实施体现。

讲稿是讲课的详稿或脚本,是讲话稿的衍生,是教案的延伸,要求把教师授课过程中的每一个预设问题、每一个教学设计都要详细准确地表达。

讲稿侧重教学内容上的选择与撰写,而教案则偏于教学方法、教学安排、教学效果上的设想与构思。倘若从影视艺术的角度打比方,讲稿类似于剧本,而教案则犹如策划,像导演的分镜头脚本。讲稿和教案其实是密不可分的,一定的教学内容,必须通过恰当的方法和形式,才能收到较好的效果。为了达到良好的教学效果,实现内容与形式的统一,既要有讲稿,又要有教案。

编写教案讲稿要从实际、实用、实效出发。不同学科、不同专业、不同课程的教案都应各有特色,不强求一律。教案要严格按教学大纲和教学日历编写,独立思考和设计,要求教师每一次课(2～4 学时)都应备有教案和讲稿,教案至少每 3 年应修订一次。书写教案必须用字规范,书写清楚,保持干净整洁,始终如一。

二、教案、讲稿的结构和内容

教案和讲稿虽在理论上含义不同,但实际操作中,往往将两者合并进行设计和撰写。教案编写要根据教学大纲、教材和教学进度来撰写,通过教案的基本构成要素来体现授课的详细实施步骤和主要内容。教案和讲稿的基本构成要素如表 3-1 所示。

表 3-1　教案的基本构成要素

<table>
<tr><td colspan="4">教　案　首　页</td></tr>
<tr><td rowspan="2">课程名称</td><td>中　文</td><td colspan="2"></td></tr>
<tr><td>英　文</td><td colspan="2"></td></tr>
<tr><td>授课对象</td><td colspan="2"></td><td>课　时</td></tr>
<tr><td>授课周节</td><td colspan="2"></td><td>上课教室</td></tr>
<tr><td>授课章节</td><td colspan="3">注意要与教学大纲和教学进度表对应</td></tr>
<tr><td>教学目标与要求</td><td colspan="3">教学目标:主要描述的是学生通过教学活动,预期产生的思想、情感和行为变化,而不是教师的教学计划。也就是,学生通过本节课(或几节课)的学习后,他的知识、技能、情感、态度、价值观等发生哪些积极变化,行为主体是学生而不是教师。教学目标是否达成,通常要凭借学生实际展现出来的行为来衡量。主要包括三个方面:知识与技能目标,过程与方法目标和情感、态度与价值观目标。
根据教学大纲和教材内容并结合学生的具体实际来确定一节课教学目标。
教学要求:学生学习本节课时已经具备的学科知识层次</td></tr>
<tr><td>教学重点</td><td colspan="3">根据教学大纲和教学内容并结合学生实际的特点确定的一节课要解决的关键问题</td></tr>
<tr><td>教学难点</td><td colspan="3">根据教学大纲和教学内容并结合学生实际的特点来确定,主要指本节课学习时易产生困难和障碍的知识点</td></tr>
<tr><td>教学方法与手段</td><td colspan="3">教学方法:教师授课可采用多种方法,如讲授法、讨论法、演示法、自学辅导法、练习法(习题或操作课)、案例法、读书指导法等。既可以采用单一的教学方法,也可以是几种教学方法的综合运用。
教学手段:师生教学相互传递信息的工具、媒体或设备。教具和多媒体使用:包括实物、标本、挂图、模型、投影、录像、媒体视频音频教学资源、PPT 等。
注意:根据教学目标、教学内容、学生、教师、教学环境的特点设计与选择教学方法,兼用多种方法,取长补短,相辅相成,形成合力,发挥整体综合效应。演示文稿(PPT)不可多用,更不能一稿(演示文稿)统到底, PPT 最好在解决本节课中的难点、重点知识的教学时才使用,比如展示一些图片或动画等,起到减少学生学习难度的作用</td></tr>
<tr><td>教材、参考资料与网站</td><td colspan="3">本讲课所用的教材、版次,提供给学生的用于拓展知识面的文献书籍、期刊、网站</td></tr>
<tr><td>专业词汇</td><td colspan="3">根据教学大纲要求,学生应知应会的专业词汇的中英文表述</td></tr>
</table>

表 3-1(续)

教学内容与时间分配	或称课堂结构,说明教学进行的内容、方法步骤。教师要针对课堂每一环节进行设计,制定出具体时间。 (一)复习旧课、导入新课:导入的内容要与新课有一定的衔接性,导入语自然过渡 1. 设计新颖活泼,精当概括 2. 怎样进行,复习哪些内容 3. 提问哪些学生,需用多少时间等 (二)讲授新课 1. 针对不同教学内容,选择不同的教学方法 2. 怎样提出问题,如何逐步启发、诱导 3. 教师怎么教,学生怎么学,详细步骤安排,需用时间 (三)巩固练习 1. 练习设计精巧,有层次、有坡度、有密度 2. 怎样进行,谁上黑板板演 3. 需要多少时间 (四)归纳小结 1. 怎样进行,是教师还是学生归纳 2. 需用多少时间 (五)作业安排 1. 根据学科特点,要考虑知识拓展性、能力性 2. 需不需要提示或解释
教案尾页	
作业 思考题	作业的设计要丰富多样,不要强迫学生做过多的机械式的训练。倡导学生用多样的方式如绘画、语言、符号、文字等表达自己对事物的理解。 思考题是对课堂所授知识的内涵和外延进一步的挖掘和扩大,要注重对学生进行相关能力的培养和拓展
课后小结	对本次课内容的简明扼要的总结
板书设计	教案中要单列板书设计,板书是教学内容的浓缩和集中反映。板书要醒目突出,合理有序,精当巧妙,逻辑性强,还要考虑与 PPT 的紧密配合
教学效果与课后分析	教学效果即教学反思,要对课堂教学的过程和教学设计的过程进行评价,如重点内容是否突出,难点内容是否讲透,有无拖堂,时间分配是否合理,教辅手段是否合适等,都应予以注明以备下次授课修改教案之用。 注意:要求手写。每讲完一次课后及时续写,以便及时总结,积累教学经验

三、撰写教案的流程

教师编写教案和讲稿是一个研究教学大纲、教学内容、学生及教法等因素的综合过程,需要教师不断地认真探究学科本身的知识系统和结构,按照教学大纲的精神,分析教材的编写意图和特点,教材的知识结构、体系和深广度,特别是要以整体为背景,分析各部分教材的特点,酝酿设计教学过程,确定教学方法。另外,教师还要深入研究学生的心理特征、学业水平及其认知规律,优选与教材内容和学生特点相适应的教学方法进行施教。下面通过

表 3-2详细介绍教案的撰写流程。

表 3-2　教案的撰写流程

步骤		要求
备课	立足大纲	课程教学大纲以纲要的形式规定了课程的教学目的、任务，知识、技能的范围、深度与体系结构，教学进度和教学法的基本要求。它是进行教学工作的主要依据，也是课程内容合乎逻辑的构架。教师应该了解、熟悉、钻研教学大纲，并在教学实践中结合学生的实际水平灵活地掌握和执行大纲
	钻研教材	教师应依据课程标准灵活、创造性地使用教材，从教学的实际需要出发，优化教学内容。在原有教材的基础上，教师可以恰当对教材内容可以通过教师的精选、增补、校正、加工，让教学内容丰富起来，这就会使课堂充满生机和活力。但是，凡引入教学内的资料中的观点和事例必须科学可靠，要避免错误
	全读教法	教学方法是教师为完成教学任务采取的一种活动方式。教法的选择要根据教学目标、学生的特点、学科的特点、教师的特点多层次、多形式选择教学方法。恰当的教学方法是获得良好教学效果的保证。备教法要和备教材、备学法结合起来，即从具体的教学任务出发，结合学生的具体实际
	深悟学生	学生的实际情况是提出教学要求和合理组织教材的客观标准。教师及早分析和研究学生在学习新知识之前已经具备的知识结构和学生在学习新知识时体现出来的个性的差异。通过了解学情可以帮助教师研究教学重点和难点，分清共性和个性的问题，预见教学中可能会遇到的困难
	重视学法	重视学生的学习过程，指导学生的学习方法，例如如何确定学习目标，分配学习时间，选择学习方法；如何预习、听课、复习、小结等，不仅让学生“学”，而且要让学生“爱学”“会学”
设计教学过程		教学过程从某种意义上讲是通过合理的方式把以教材为主体的知识传授给学生并达到培养能力、发展智力的目的，是教师具体施教的步骤，是教师教学设计的体现，也是教学思想的展示过程。教学过程应写清：① 教学全过程的总体结构设计；② 教材展开的逻辑顺序主要环节及过渡衔接；③ 教学重、难点的突破方法以及所采用的教学手段、教学方法；④ 创设情景的导入；⑤ 师生合作的交流；⑥ 课堂效果的反馈（如设计的练习题）；⑤ 课堂教学的小结
撰写教案		目标明确，重难点突出，紧扣大纲；既能体现知识的科学性和系统性，又能体现教法的灵沽性，体现对学生学法的指导；教案内容的安排要有层次有递进，不断吸收本专业的最新科研成果，符合学生实际和教材要求；图表规范，板书设计合理

教案讲稿的设计和撰写过程体现了一个教师的教学思想形成和教学设计的过程，是及时反馈教学、总结教学的一种方式。在教案和讲稿的撰写和以后的不断修改过程中可以使教师不断反思教学中的得失，总结自己在教学中的经验和教训，形成自己的教学思维和授课风格。

四、教案书写常见问题

（一）教学目标的确立

所谓教学目标，是指预期的学生的学习结果。教学目标是否达成，通常要凭借学生实际展现出来的行为来衡量。因此教学目标的行为主体应该是学生。教学目标应具有整体性（包括情感态度价值观、知能培养和个性发展）、具体可操作性（可表述可观察可评价）、适切性（适合学生的程度切合学生的需要）。

教学目标包括“认知性目标”“技能性目标”“情感、态度和价值观目标”三个维度。认知目标的表达方式见表3-3，强调学生对基础知识、基本技能与基本能力的掌握，即“学会”。三维目标中所提及的知识主要是指学科知识（包括与知识有关的一些间接知识）、意会知识（生活经验和社会经验等）、信息知识（通过多种信息渠道而获得的知识）。技能性目标的表达方式见表3-4，该目标不仅重视学生学习行为的结果，还重视学生学习过程，在过程中学习，在过程中培养，即“会学”。情感、态度和价值观目标又叫体验性目标，其表达方式见表3-5，是学生对学习过程或结果体验后的思想倾向和情感感受，有感受、认同和内化三个层次，应将其真正渗透到各学科学习的具体目标之中，即“爱学”。情感目标的范围比较广泛，常见的有提升学生的学习兴趣、培养学生克服困难的能力以及合作学习的精神等。

表3-3　认知性目标的表达方式

目标水平		行为动词
知识	了解水平：再认或回忆知识；识别、辨认事实或证据；举出例子；描述对象的基本特征	说出、背诵、辨认、回忆、选出、举例、列举、复述、描述、识别、再认等
	理解水平：把握内在的逻辑联系；与已有知识建立联系；进行解释、推断、区分、扩展；提供证据；收集、整理信息等	解释、说明、阐述、比较、分类、归纳、概述、概括、判断、区别、提供、猜测、预测、估计、推断、检索、收集、整理等
	应用水平：在新的情境中使用抽象概念、原则；进行总结、推广；建立不同情境下的合理联系等	应用、使用、质疑、辩护、设计、解决、撰写、拟定、检验、计划、总结、推广、证明、评价等

表3-4　技能性目标的表达方式

目标水平		行为动词
技能	模仿水平：在原型示范和具体指导下完成操作；对所提供的对象进行模拟、修改等	模拟、重复、再现、模仿、例证、临摹、扩展、缩写等
	建立独立操作：独立完成操作；进行调整与改进；尝试与已有技能建立联系等	完成、表现、制定、解决、拟定、安装、绘制、测量、尝试、试验等
	迁移水平：在新的情境中运用已有技能；理解同一技能在不同情境中的适用性等	联系、转换、灵活运用、举一反三、触类旁通等

表3-5　情感、态度和价值观目标的表达方式

目标水平		行为动词
素质	经历（感受）水平：建立从事或合作参与相关活动；建立感性认识等	经历、感受、参加、参与、尝试、寻找、讨论、交流、合作、分享、参观、访问、考察、接触、体验等
	反应（认同）水平：在经历基础上表达感受、态度和价值判断；做出相应的反应等	遵守、拒绝、认可、认同、承认、接受、同意、反对、愿意、欣赏、称赞、喜欢、讨厌、感兴趣、关心、关注、重视、支持、采纳、怀疑、摒弃等
	领悟（内化）水平：具有相对稳定的态度；表现出持续的行为；具有个性化的价值观念	形成、养成、具有、热爱、树立、建立、坚持、保持、确立、追求等

通过设定教学目标可以使教师明确学生要达到的学习要求或水平，以教学目标为基础合理设计课堂教学中将采取的教学步骤、教学环节以及每个步骤或环节将采取的教学活动，引导学生主动地参与到教学过程中。

（二）确立教学重点和难点

确定教学重点、难点是为了进一步明确教学目标，以便教学过程中突出重点、突破难点，更好地为实现教学目标服务。

教学重点是教材中关键性的、最重要的中心内容，是课堂结果的主要线索，掌握这部分内容，对于巩固旧知识和学习新知识都起着决定性作用。确定教学重点应该首先以教学目标为根本依据。

教学难点是教学中难于理解或领会的内容，可以是情感、态度、价值观，或较抽象，或较复杂，或较深奥。难点是由两个方面决定的：一是教材内容的难度大，对于学习的内容，学生缺乏相应的感性认识，因而难以开展抽象思维活动，不能较快或较好地理解；二是由学生的知识基础和接受能力决定的。

（三）设计教学过程

教师在设计教学过程时要力求做到完整、逻辑严密、创新，形成自己的特色。

在进行教学过程的设计时，要综合考虑教学目的和教学任务，教师自身特点以及学校学生的实际情况，科学安排进度，突出重点，讲清难点，注重启发，力求做到以教师为主导，以学生为主体，以提高学生的学习能力为重点，注意知识的前后联系、与其他学科的横向联系、新旧知识的联系等，考虑不同水平的学生可能会出现的一些问题，并设计好解决的办法。

(1) 导入注重“巧”。导入是教师在一个新的教学内容或教学活动开始时，引导学生进入学习的行为方式。要求贴近学生，承上启下，导情引思。通过导入，把学生引导到一个特定的学习方向来，因而又叫定向导入。导入的作用在于集中学生的注意力，引起学生的兴趣，明确学习的目的和要求，为学好新知识创造良好的基础。每种导入都应从教学目标出发，为使学生明确学习目的和教学内容，启发他们的学习的积极性和主动性，造成寻求答案的迫切心理，更好地理解和掌握知识。导入要有针对性、启发性、趣味性，要考虑语言的艺术性。在进行导入的设计时，教师要综合考虑对于引入新课时提出什么问题，学生回答时可能出现的各种情况及针对各种不同情况追问什么问题，或用什么样的案例加以引导，如何巧妙顺利地过渡到新授课的内容等问题。

(2) 新课讲授中注重“引”。新内容的引出、新问题的提出，都应遵从循序渐进的原则，层次清晰地引导学生步步深入思考。所以，对于引出新概念的步骤，引导式问题的提出都应简明地写在教案上，激发意向，启发思维。

(3) 教学方法注重“活”。针对不同教学内容，选择不同的教学方法。教学方法的选择，要根据教学对象、目标和内容的特点选择相应教学方法，使教学内容和方法相互统一，以期得到最好的教学效果。对学生来说，书本知识都是间接经验，它只有和直接经验相结合，获得直接经验的支持和帮助，才能学得牢固扎实。因此，教学不宜空讲知识，尤其是不宜照本宣科，枯燥分析，从理论到理论，从书本到书本，那样只能弱化教学效果。一要联系丰富多彩的生活实际，将时代的气息和生产生活的情境引入课堂。二要联系学生以前学习并掌握的旧知识。这些旧知识既是新知识的生长点，也是新知识的固着点。

因而在教学中要着眼于教学内容的纵横联系，注意教学内容的整体与局部、前与后、因与果的衔接与递进，在联系中将新知识融为一体。三要联系教师自身的学习感悟。教学既是教与学的传导过程，也是师生双向交流沟通的过程。在教学中，教师若能联系自己的学习经验与感悟，适时地向学生介绍一些自己化解难点的做法和体会，必能拉近师生之间的情感距离，使学生看得真切，悟得透彻，听得有味，学得有趣，从而有效地提高教学和学习效果。

(4) 过程注重"勤"。勤于点播，勤于启发，精于引导。针对本章节中的重点和难点如何组织教学，详细安排步骤，以启发、诱导的方式提出问题。问题提得要有层次、有梯度、有密度、有质量。

(5) 课堂小结注重"精"。教师应在课堂小结中设计适当的方法和问题，设问的问题应使学生将所学新知识与旧知识挂钩，或为后续学习打下基础。

(四) 撰写课后反思

教师不仅是课堂的有效实施者，更是反思教学的实践者，学会反思是每个教师职业成长的必经之路。写课后反思追求"短""平""快"。在教学反思中，应主要围绕以下几个问题。教师完成本教学单元教学后对教学设计、教学重难点把握、教学方法应用、教学效果等课堂教学过程情况进行总结与分析，要有本节课教学的不足之处的分析，如小组学习有没有流于形式，有没有关注学生情况、态度、价值观的发展等内容，针对问题找到了哪些解决方法和教学新思路，写出改进策略和教学的新方案；也要有亮点的描述，如教学过程中通过师生互动、启发学生形成的独到见解。上课时学生提出了哪些有价值的问题，或在课堂师生互动、生生互动中碰撞出的智慧火花；还要写出教材的创造性使用情况，如教材中有的生活场景的选择，问题情境的创设是否贴近学生的生活，能否引起学生共鸣。

(五) 设计作业和思考题

教师课后布置作业不仅是让学生巩固所学内容，而且要通过作业培养和提高学生的综合分析能力。所以作业布置内容要充分考虑知识的拓展性和学生的实际能力水平。布置作业要求教师不布置重复性作业、惩罚性作业、超过学生合理学习限度的作业，力争设计出能够发展学生思维、引导学生探究、拓展提高能力的作业。

(六) 设计板书

教案中要列出板书设计。板书可以通过综合运用文字、图画、线条、色彩等手段，强化表现力，将教学内容系统化、条理化，帮助学生梳理学习思路，构建知识体系。板书的设计要内容完整、文字精练，易归纳，一目了然。

备好课，设计和撰写好教案是一名教师的基本要求。撰写教案的过程实际就是教师构思教学的过程。教案讲稿设计得如何直接关系到一位教师课堂教学效果的优劣。表 3-6 列出了一份优秀教案应该具备的标准，供青年教师参考。

表 3-6 一份优秀教案的标准

项目	内容与要求
教学目标明确	课堂教学目标包括知识、技能、情感，目标的设定要具有可实施性、可检测性和唯一性
教学方法得当	根据教学目的、内容、学生的知识水平和知识规律，采用以启发式为核心的多种教学法

表 3-6(续)

项目	内容与要求
教学内容充实	突出科学性,强调层次性。时间设计合理,内容过渡自然。教学重点、难点切合教材和学生实际
教学设计合理	目标明确,层次分明。突出重点,突破难点。讲授有创新,提问有实践,分析有综合
教学进程流畅	环节齐全,层次分明,衔接自然。强调启发,突出互动,能体现教学内容、教师活动、学生活动、设计意图
板书设计得当	主次分明,布局合理。内容完整,条理系统
标题序列规范	层次分明

第二节　PPT 制作

几十年来,课堂教学一直是"一块黑板、一支粉笔、一张嘴、一本书"或"板书十挂图"的传统模式。随着我国高等教育事业的快速发展,许多以网络、多媒体计算机等技术为主的现代教学技术已应用到教学实践中,产生了多媒体教学。它不仅改变了原有的教学手段,同时还促进了教学观念、教学形式、教学方法及课堂教学结构的革新。多媒体教学课件是教学内容表现的舞台,是学生摄取知识的窗口。目前多媒体课件制作和多媒体教学实践中仍存在多种问题。课件多以 PPT 为主,使用中不重视教学策略,缺乏师生与生生互动环节,仍然以满堂灌为主,缺乏合理的教学设计,反映了教师对多媒体技术与教学关系理解的缺失。在当前的大学教学中,多媒体教学成了"口灌"的翻版和写意,由过去的"口灌"变为现在的"电灌",由过去的"照本宣科"变为现在的"照片宣科"和"照屏宣科"。为了提高青年教师多媒体课件制作技巧,本节结合多学科的实践应用范例系统地讲解多媒体制作中问题。

一、多媒体教学的含义及特点

(一) 多媒体教学内涵

以数字媒介为依托的多媒体技术在各行各业发挥着巨大作用,并以强悍的科技力量改变了人们的生活习惯、交流手段和劳作工具,并在一定程度上影响人的审美习惯、思维方式和语言模式。传统的板书和讲述已经完全不能满足传递大量信息的要求,而多媒体课件以其优美视觉效果、有趣的动画设计、适宜的特殊音效既可以满足课堂教学的需要,也能够满足远程教学的需求,在高校当中使用非常广泛。

数字领域中的"媒体"指存储信息的实体,如文字、图片、图像、照片、声音、动画、影像等。"多媒体"的"多"指的是两种或两种以上媒体的组合。

多媒体课件是创作者利用在多媒体计算机系统中的多媒体应用软件制作产生的劳动成果,是教师应用在教学过程中的辅助工具。制作者按照知识的逻辑性,运用多媒体编辑工具组织文字、图片、图像、照片等视觉媒体和声音、动画、影像等听觉媒体,创建出可人机交互、实时反馈、远程传输的多媒体产品。

(二) 多媒体教学的优点

多媒体课件不仅可以辅助教师教学、课堂演示,而且可以辅助学生自学。这些年来之所以在各级各类教学中得到广泛应用，是因为它与传统教学模式相比存在很多优点，具体体现为如下几点：

(1) 有利于培养学生的学习兴趣，激发学生的求知欲。在传统教学模式下，一块黑板、一支粉笔，这样的教学就很难挖掘出教材中的兴趣因素。多媒体课件可以加载大量视听信息、三维动画等多媒体素材，这就使得教学内容更加形象生动和丰富多彩。

(2) 有利于突出教学重点、分散难点、增加课堂的容量，提高教学效率。使用多媒体课件可以把用语言难以说清楚的教学重点和难点在多媒体课件中借助一些视听信息或三维动画等多媒体形式直观、生动、形象地表现出来，这就不仅可以把教师从繁杂的解释工作中解放出来，而且学生也易于接受、乐于接受，加快了学生获取知识的进度，更能发挥学生的认知潜力，提高获取知识的能力。同时，课堂容量也会大大增加，提高教学效率。

(3) 可以充分发挥教师的主导作用，并能提高教师的综合素质。在课堂上利用多媒体课件辅助教学的新型授课形式，老师可以更好地发挥自己的"指挥权"，成为课堂的驾驭者，充分发挥教师的"领导者"角色。

(4) 实施远程教学的基础。随着社会的发展进步，网络和通信技术得到了快速的发展，教育和教学活动不能再像以前一样，仅仅局限于教室这样狭小的空间。学习形式也呈现出种类繁多、形式各异的百花齐放状态，并且规模也越来越大。远程教育是多种学习形式之中比较突出的一种，多媒体课件就是实现远程教学的重要基础资源。

（三）多媒体教学的缺点

在教师和学生的访谈中，受访者都提到采用多媒体教学具备传统教学所欠缺的一些形象、直观等特点，对提高教学效率有一定帮助；但是部分教师和学生也认为使用多媒体课件进行辅助教学也存在一定的弊端。

大部分学生认为多媒体课堂上课节奏过快，信息量过大；多媒体技术的引入在一定程度上影响了学生的学习认真程度和积极性；会出现在课堂上很投入，兴趣较高，但也存在"一讲就懂，转眼就忘""课下记不住，考试想不起来"的情况。

使用多媒体课件教学不利于学生记笔记和课后复习。在制作课件时，有些老师将很多教学内容都放到多媒体课件上，用投影代替传统教学中的黑板，大大节省了在黑板上板书的时间，虽然可以加大课堂的容量，但这样做不利于学生记笔记，久而久之学生基本上也就不再做课堂笔记。出现这种情况有两个原因，一是学生认为课后可以复制老师的多媒体课件；二是有些学生想记笔记，由于显示的内容太快，或者看不清，所以索性就不记了。不记笔记的直接后果是影响课后复习，不利于学生课后对问题的思考。在传统教学模式下，教师在前面板书的时候，学生在下面就对问题进行思考；而使用多媒体课件以后，教师基本上没有板书或板书很少，这样"节省"的大量时间教师还是用来讲课，从表面上来看是大大增加了课堂的信息量，提高了课堂效率，但实质上学生只是被动地听老师讲，根本没有时间进行思考，如果学生缺少了对问题的思考时间，那么对问题的理解和记忆就会很差，对知识的掌握和能力的培养非常不利，直接影响学生学习的积极性和主动性。在使用多媒体课件时，不管是以什么形式把授课内容展示给学生，都要留给学生充分思考的余地。

二、多媒体课件审核与评价

多媒体课件不是简单对教学内容进行信息加工，仅仅成为教材的翻版或者是教师教学讲解过程的脚本，而是教学内容精心设计组织的剧本。

一个合格的多媒体课件不仅要保证课件教学内容的正确性，而且要针对不同的学科内容和学生情况进行合理的教学设计；在课件内容的呈现方面，要考虑课件的艺术性设计，从而进行知识的表达和有效传播。另外，技术手段的合理使用，是保证课件实现上述设计目标的必要条件，也是保证课件流畅性运行的前提。

首先，在课件设计时应注重相关的教与学理论，如加涅的信息加工学习理论、迈耶的多媒体学习理论以及奥苏贝尔的有意义学习理论等。多媒体课件设计应在这些理论的支持下，注意内容的结构化、可视化、简洁化设计，从而降低学习者的认知负荷。

其次，防止课件布局、颜色、字体不统一，内容呈现结构混乱。课件中大多以文字为主，动画视频交互设计很少，有的仅是教材的搬家，没能充分发挥多媒体的特性，这让学生感觉课件内容凌乱无序，不利于其对知识的认识和加工。

最后，只有把握了人类学习的认知特点和规律，才能制作出高水平的多媒体课件，进而进行有效的教学活动。在制作课件过程中要充分发挥多媒体课件辅助教学的优点，从图、视、听等多个角度对学生进行刺激，来调节课堂上的气氛，将陌生、抽象、生涩的知识形象化和直观化。要根据教学方法的需要，合理制作多媒体课件。对于案例演示、实验制作、仪器操作等内容，可以以多媒体为主方式进行教学；对于理论分析、公式推导、计算分析等内容，应采用黑板为主、多媒体辅助的方式进行教学。应从学生掌握知识效果的角度考虑，制作的课件不能减少学生课堂讨论、思考的空间和时间，见表 3-7。

表 3-7　多媒体课件的评价标准

项 目	指标	评价标准
课件内容	素材选取	素材紧扣教学大纲，难易适度，适合启发，能解决教学中的重难点问题
	资料编辑	资料内容科学严谨，文字符号表达正确，公式图表制作规范
	内容编排	内容正确，层次清楚。举例合理，深入浅出。突出重点，适合讲解
教学设计	媒体设计	图片视频清晰，动画生动准确。媒体应用注重师生互动，有利激发学生学习兴趣
	文本设计	标题醒目，布局合理，文本精炼，内容简约
	界面设计	切合主题，简明合理，风格统一。色彩协调，搭配得当，重点突出
操作应用	运行效果	交互友好，导航清晰，链接准确，操作灵活
	安全可靠	运行正常可靠，没有明显的技术故障
	教学实用	教学实用效果好，通用性强，易操作

三、多媒体课件制作的流程

制作多媒体课件并非一个简单的过程，而是一个极其复杂的过程，它涉及很多教育教学理论，如“教育学理论”“心理学理论”“教育设计”“学习理论”“美学”等，是多方面的知识都有涉及的“综合性”创作，集教育、技术和艺术于一体。因此，在多媒体课件设计中应该注意实用性、适应性、艺术性和交互性等方面的问题。

多媒体课件是根据教学大纲的要求和教学的需要，经过严格的教学设计，并以多种媒体的表现方式和超文本结构制作而成的课程软件，是教师辅助教学、学生自学的工具。制作者需要按照讲解知识的逻辑性，运用多媒体编辑工具组织文字、图片、声音、动画、影像等视觉和听觉媒体，创建出可人机交互、实时反馈、远程传输的多媒体产品。

课件制作的流程要根据课程要求、授课特点、教学模式进行分析，运用多种教学策略撰写教学设计文稿与课件制作脚本，选取各类素材在相关平台进行多媒体课件制作，通过多次测试修改和实际教学使用来完成，见图 3-1。

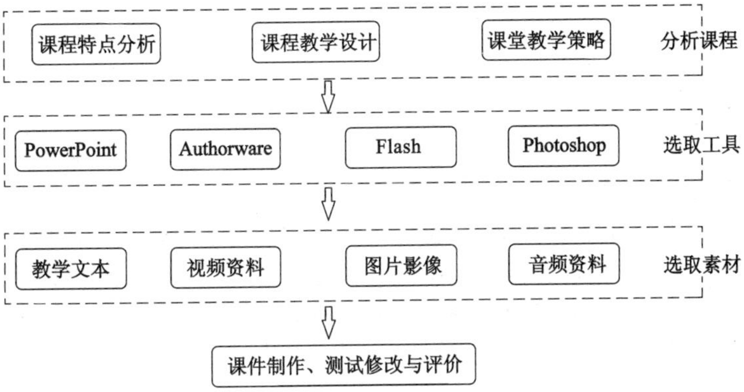

图 3-1　多媒体课件制作流程

（一）分析课程

① 熟悉教学大纲：教学大纲是讲课的灵魂、纲领、指南；对照教材，熟悉内容重点、课时分配、选修课程与后续专业课知识链接点。② 熟悉教学内容：编写（最好是手写）讲稿，至少有2～3 次讲稿。参阅大量不同版本的教材，选取更符合本教学大纲的教材。熟悉教学各个知识点，对课程内所涉及的知识点应找出相应课本出处。③ 针对每一个知识点应建立自己教学目标、制订教学计划，建立教学设计具体模型，见表 3-8。

表 3-8　教学设计模型

序号	迪克和凯里（2007）	莫里森，罗西和肯普（2007）
1	确定教学目标	确定教学问题和计划目标
2	教学分析	调查学习者的特点，如何吸引他们注意力
3	分析学习者与教学环境	确定目标，分析与目标有关的任务
4	制定评估工具	将教学内容按序排列
5	选取教学材料	设计教育信息和教学手段
6	修订教学计划	选取支持教学和学习目标的资源

（二）撰写脚本

多媒体课件的脚本相当于电视剧制作中的剧本，当把一个教学内容选定以后，首先要做的事情是根据教学内容撰写教案，因为教案中会告诉我们这一教学内容所要解决的具体内容是什么，重点、难点是什么，然后根据教案内容撰写多媒体课件的脚本，多媒体课件的脚本有时也被称为多媒体教案。多媒体课件脚本需要撰写的内容一般有：多媒体课件制作过程中所用到的工具、多媒体课件的整体结构以及多媒体课件的展示手段等，见表 3-9。

表 3-9 多媒体课件脚本示范

知识分类	描述	范例	可视化方法	实现方式
陈述性知识	符号、事实、概念	遥感观测系统	实物或图像	图像或动画制作,网上下载图像
程序性知识	技能、过程、自动化知识	遥感数据处理流程	流程图、过程动画、视频剪辑	制作流程图、动画加工
策略性知识	自觉熟练应用某项技术	图像配准	操作练习	设置情境类各项问题,供学生练习

另外,编写脚本阶段就是多媒体课件的创意过程,这个阶段要考虑多媒体课件整体布局,各类媒体素材在屏幕上如何摆放,各种按钮名称应如何摆放以及在使用过程中如何激活等。编写脚本时还应该考虑各种媒体出现的时间顺序,如何时该出现音乐,何时有伴音,何时加载动画、视频等,这些都是多媒体课件的创意过程。

(三)制备素材

常说"巧妇难为无米之炊",即使有再好的设计,有再多的想法,如果多媒体课件用到的素材无法解决,多媒体课件的完美性也无法体现。从专业化、规模化和长远的角度来看,各科教师应根据学科特点建立专门的多媒体课件素材库。

素材的好坏、是否充足等在多媒体课件制作过程中起着非常重要的作用,同时素材的制备也是多媒体课件开发过程中最繁重、最费时的一项。多媒体课件的素材制备包括:文字信息的收集与整理,背景音乐与配音等声音素材的录制与编辑,动画和视频的编辑等。只有具备这些多媒体素材,才使得我们制作出的多媒体课件达到声文图并茂的效果,在使用时才能最大限度地调动学生的积极性,教学情境才可以更好地开展。各种素材的具体要求见表 3-10。

表 3-10 多媒体课件素材

类型	要求
文本素材	学生可以从多媒体课件的文本中获取大量的信息,文本信息是代替传统教学中板书的途径之一。在多媒体课件中,文本信息的使用要进行有目的的选择,对于那些能突出重点、难点的文字,应当使用稍大一些的字号,颜色也要鲜艳一些
图片素材	在计算机中常使用的图像格式有位图和矢量图,获得图片素材的方法有很多种,如可以在互联网上或光盘中的图片库中获得,或用打印电脑屏幕的方法截取,也可以把课本上的图片用扫描仪扫描下来或用数码照相机拍摄下来,然后通过 Photoshop 或 CorelDRAW 等图像处理软件进行加工处理
声音素材	多媒体课件中用到的声音素材一般包括音效和音乐两种,它们的取得可以通过各种途径收集,也可以自己录制制作,不管是收集的还是自己录制制作的,这些声音素材往往都需要经过后期加工处理,在后期加工处理中常用的声音软件有 Cool Edit、GoldWave、Sound Forge 等

(四)制作、测试与评价

课件制作阶段主要包括:设计交互界面、制作图形、录制声音、制作动画视频,把这些素材根据已经编写好的脚本通过制作平台组织到一起,摆放至相应的位置。如果脚本撰写详细，素材准备充分，这一步完成是比较容易的。

课件测试主要包括以下几个方面：① 通过反复运行多媒体课件，查找整个过程是否有错误或效果不佳。② 在不同的环境下运行多媒体课件，检查多媒体课件对硬件环境都有哪些要求。③ 检查多媒体课件是否可用。

课件评价是课件制作过程中比较重要的环节。因为在撰写脚本和制作多媒体课件过程中，有些问题可能未被及时发现，只有在实际运行中才能被发现，因此多媒体课件制作好以后，需要反复试用，发现问题及时修正，经过几次反复试用和修正后，才能制作出相对优质的多媒体课件。

四、多媒体课件制作应注意问题

选取合适的母版，背景画面简洁、单一；屏幕设计要具有艺术性，生动、实用。稳中求变，风格统一。每堂课的课件，应当风格一致，从背景色彩的设置到各个级别的字体、字号、格式都要统一。求变只能是文字、图形的色彩运用，画面的动感设置，以及出入场方式的变化。文本的各级标题和正文在字体和格式上要有所区别，以便能快速分辨出标题，找到阅读的重点。

多媒体课件文字的编排要符合表 3-11 所列原则。

表 3-11 多媒体课件文字的编排原则

原则	要求
艺术性	清楚醒目、布局合理。教师在制作多媒体课件时应该考虑文字呈现方式的可观性、逻辑顺序的合理性和所表述的文字的可理解性。合理布局，应当注意阅读的视觉效果
简约性	简约并精致。不能将讲义或教案单纯地搬移到屏幕上，不加任何构思而铺天盖地的文字，在课件幻灯片播放时，特别容易呆板单一，学生可能会感到枯燥，从而对学习失去兴趣。若必须要将大篇幅文字作为呈现内容时，要将字号统一，把文字分成若干板块，根据其内在的逻辑性形成相互照应的关系。文字的颜色应该与图像、画面、内容主题的风格相符，且应该突出于背景颜色。同一幻灯片中的文字不应使用种类过多的颜色，否则影响阅读。如果为了强调某一内容，也可将某一行或某一部分的文字变成区别于整个页面文字块的颜色
实用性	文字要精炼、适中；课件文字一定要有实用性，实用的目的是保证信息传达的有效。应将主标题、重点内容、一般内容依次进行排布，保证阅读重心处于合理位置

合理运用颜色：在多媒体课件中色彩反差不能过于强烈，要合理搭配颜色，符合学生的视觉心理；一屏画面中一定不要使用太多的颜色；画面背景和主要文字的对比一定要强烈，使字迹清晰，主题突出；文字与背景的组合应考虑颜色的相融性，深浅搭配协调。教师应该根据相应的主题内容和知识信息将文字的字体、字号、颜色、样式等加以相应的改变，加强视觉美感，达到对比统一。为了保证使用效果，应当按照“深色背景配浅色字，浅色背景配深色字”的原则配色，增大色彩的对比度，加大背景与前景、文字与背景的对比度。

注意设计艺术性：在多媒体教学课件制作时，应尽可能充分体现其艺术性，采用丰富多样的制作手法，给予学生视觉艺术享受。在多媒体课件当中运用图像、图片、照片等内容可以提高内容的感染力。好的视频图像可以生动、持久地描述无法用语言表达的东西，激发学生的好奇心，使其在视觉艺术传达的美感中体验获取新知的愉悦。利用美术素养理念去设计课件的界面、文字、背景、图形、图像和色彩等尤为重要。

注意多媒体课件与板书相结合：传统的粉笔字教学的特点是师生易于交流，板书与讲授结合性好，老师可根据学生的状态即兴发挥、调整教案，教学比较灵活。学生容易接受和吸收，同时也容易做笔记。多媒体教学效率高，信息量大，利用动画可使板书形象生动，还可利用网络将教学过程延伸。

教学速度是否合适，教学过程中教师是否能很好地把握学生思维的活跃程度，课件是否形象生动，学生是否有充分的时间消化与吸收课堂讲授的知识，以及教学过程是否有很强的延伸力，这些因素决定了是否可以运用多媒体教学。传统粉笔字教学和多媒体教学相结合对教学过程的实施和教学质量的保障起着很大的作用，是否使用和如何使用多媒体教学对教学的质量有着很大的影响，取长补短是最好的方法。

对于文科类课程，学生青睐于多媒体教学，可以采用以多媒体为主、粉笔字为辅的教学方式，尽量发挥多媒体效率高、信息量大，板书形象生动和教学过程延伸力强的特点。同时，适当地运用粉笔字板书，即兴发挥，加强与学生的交流，适当地控制速度，使教学效果更佳。

对于理科类课程，学生青睐于粉笔字教学，可以采用以粉笔字为主、多媒体为辅的教学方式，尽量发挥粉笔字教学中师生易于交流、板书与讲授结合性好等特点，活跃课堂，并可根据学生的状态即兴发挥、调整教案，增强教学过程的弹性，使学生能够更好地接受、思考和吸收知识。同时，也可充分利用多媒体手段，将某些抽象的知识形象具体化，利用网络延伸教学过程，以帮助学生课后及时消化和吸收所授知识。

第三节　板书设计

板书是课堂教学中的书面语言，是教师对教学内容深入挖掘和整理提炼出来的教学内容的精华，是一堂课知识的凝练和浓缩。板书除了能增强课堂教学的吸引力、感染力和启发性之外，它还有助于培养学生的分析能力、概括能力等能力。因此，板书是每一位青年教师必备的教学基本功。它和课堂教学的口头语言、体态语言相辅相成，丰富着课堂教学的表达力。

一、板书的内涵和作用

板书是教师根据教学的需要，在黑板上用文字、图形、线条、符号等再现和突出教学重要内容的课堂教学活动，是直观性教学原则在课堂教学中的具体体现。主要表现形式包括板书、板演、板画。板书设计则主要是根据教学内容，抽取其关键词句，按一定的逻辑关系和逻辑结构方式组成一个有机联系的板书整体的过程。板书设计的基本任务就是基于教学大纲、围绕教学目标，将教材的知识结构、学生的认知结构、教师的导学结构有机结合起来；将抽象的知识形象化、繁杂的知识条理化，对教学内容起到提纲挈领的作用。

板书是教师教学语言中的书面语言，它和教师的口头表达相结合共同传递教学信息。板书的作用有：① 体现教学意图，突出授课思路。每个学科都有庞大的知识结构和体系，板书可以构建简洁的知识框架，对知识进行梳理和编排，整合教学内容，以明晰的视觉符号启迪学生思维。在开放的课堂上，板书是师生交流互动的平台。在问题表述上，它比有声语言更准确、更具体、更容易被学生所接受。② 落实教学计划，控制课堂节奏。在课堂不同教学阶段板书可以发挥不同的功效。在课堂开始阶段，教师书写标题，可以帮助学生初步了解本讲的授课内容。在讲解内容展开阶段，教师一边讲解和描述，一边做扼要的板书。教师可以借用板书引导和控制学生的思路，学生看着黑板上的纲领性文字，学会定向思考、分析探求。板书作为师生交流的纽带，是整个教学活动的结晶，教师通过边讲边写，边启发边引导，可以适时调整课堂节奏、激发学生的兴趣，充分发挥主体和主导的作用。在总结阶段，利用板书回顾所讲授的内容，可以起到复习巩固、强化学习内容的作用。板书书写与教学进程同步推进且有机配合，具有即时、灵活的特点，可以呈现学习的脉络。③ 突出重点难点，形成知识体系。板书能对教学内容删繁就简，抓主剔次，把知识点、重点和难点，串珠成线，连线成网，勾画出整节课教学内容的结构体系，揭示教材思路和线索，帮助学生将教学内容的知识要点了解清楚。④ 强化形象直观，提高教学效果。板书以直观的文字，配以恰当的图形、线条、符号、色彩等，能给学生以美的享受，再结合教师简要的口头表达，给学生强烈的感官刺激，艺术地展现教学过程。

二、板书设计的要求

板书要做到将教师对教材的深刻理解用简练的书面语言呈现给学生，将教师的教学思路以直观、清晰的形式交代给学生，能为学生提供词语概括与归纳的最好示范；能明晰地教给学生思维的方式。在板书设计时，关键点体现在内容上围绕目标、简洁精要；板书和讲解配合，把握时机恰当；板书板画字体清爽，画面美观，现分析如下。

(1) 目的明确，重点突出。板书书写的目的是要帮助学生明白教学内容的结构层次，了解教师的授课思路和讲授的顺序，掌握教材的重点和难点问题，并为学生课后复习提供思路和复习纲领。重点突出是指板书要反映教学的难点、重点，不能主次不分或主次颠倒。这个要求是板书的首要原则。

(2) 内容完整，概括性高。内容完整是指教师的板书要有针对性，要力求用最简炼的文字或简洁的图形、符号反映教学的主要内容，形成具有逻辑联系、简明扼要而又符合学生认知特点的信息系统。

(3) 纲目清晰，布局合理。要求板书的脉络、层次清楚，各层次之间结构严谨，正确反映知识的结构体系和逻辑体系，并把相同层次的内容排列整齐，各层次的内容标号一致。

布局合理是要求善于使用黑板，区分正副，大部分写正板书，小部分写副板书，要依据板书内容多少和黑板面积大小来划分。既要正确把握教学内容的主次成分与层次性，又要按照美学要求构建整体。

(4) 形式多样、启发性强。板书通过文字、符号、线条、简表、图形的有机组合和不同的呈现时间、不同颜色粉笔的搭配运用，以突出板书的层次、知识的重难点、图形的脉络，具有形式多样，变化万千的优势，可给学生以极大的感染，使学生对所学知识产生浓厚的兴趣。启发性指的是教师板书的内容要有启发性，板书的形式、风格和布局也要有启发性。

教师应根据自身特点、专业特色、教材内容和学生情况而选择恰当的板书形式。既要选用他人的板书好形式，又要发挥主观能动性，创造板书的新形式，力求做到结构设计新颖。

(5) 术语准确，字符规范。板书要写规范字，字迹要工整，注意笔画顺序，间架结构。绘图要正确、科学、规范。对例题的解答要做到格式规范、解答正确，有条理。

(6) 布局美观,有艺术性。板书要做到不空不繁、不错不杂,纲目清晰、内容科学完整,结构合理,文字流畅,布局匀称得体,颜色搭配适当。

三、黑板板书的布局

板书一定要有本节课的课题、分题、中心要点和结论。板书内容主要分成:主板书、副板书和其他板书。主板书和副板书必须主次分明。板书布局见图 3-2。

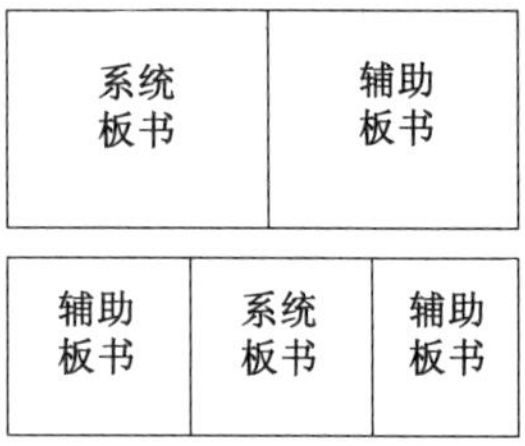

图 3-2　板书布局

(1) 主板书。主板书又叫中心板书或基本板书,是指教师对教材内容进行分析、综合,高度概括后提纲挈领地写在黑板上的书面语言。一般体现教学内容的主要事实、主要理论或主要观点、重点、难点、疑点、特点,反映教师整个教学程序或课堂教学的主要内容。板书往往写在黑板最显眼的部位,而且整堂课一直要保留在黑板上,以突出教学的重点和难点。

(2) 副板书。副板书又叫辅助式板书或注释性板书,多数情况下用于表现与教学内容相关的一些零散知识,是对主板书的注释、说明、充实和补充,也是根据课堂教学需要和学生反馈随机出现的一种教学板书。副板书一般可以在黑板上随写随擦,比较灵活。副板书也要注意局部内容的完整性。副板书通常写在黑板的两侧或最右侧。

(3) 其他板书。教师课前准备好的小黑板、幻灯片、投影片等。

四、板书的常见类型

板书一般由教材内容、教学目的、教学方法、学生的年龄及接受能力所决定,服务于教学内容,教学内容会因板书形式的不同而更加直观形象,使学生的学习思路更加清晰。

从表现形式上,大体可以分为以下几种,见表 3-12。

表 3-12　板书的常见类型

类型	要求	优点
摘录纲目式	根据教学内容和教师设计的教学程序,将教材内容分析、综合,归纳出若干要点,按先后顺序将各个要点有逻辑地排列组合	紧扣教学内容,突出教学重点,层次分明,便于学生把握重点和关键内容,形成直观的知识结构体系
流程图式	将教材教学内容以流程图的形式展现出来,通过教师的步步引导,展示教师的教学思维过程,引导学生循序渐进形成自己的知识结构,从而教会学生思考问题的方法,发展学生的自学能力	能使学生了解事物发生发展的前因后果,形成思维发展的思路
图形示意式	用图形、文字、线条、符号、框图等配合必要的文字来体现教学内容,形象直观,可以把教学内容一目了然地呈现在学生面前,适合有一定难度的或抽象复杂的教学内容	便于学生进行思维想象,能达到理性和感性的交融,延长知识记忆的时间

表 3-12(续)

类型	要求	优点
表格式	根据教学内容可以明显分类、进行比较等特点，找出教学内容的要点，列成表格，通过横向对比和纵向归纳，获得新知识或建立知识之间的联系。一般用于知识性强并可以明显分类的内容。适用于教学内容各要素具有并列关系、新旧知识的对比学习、实验数据的分析归纳等	这种板书具有简明性、条理性和可比性。便于学生归纳、对比和记忆
比较对照式	当讲授的内容互相对立或对应，或者思想方法一致时，可采取上下或左右对比式板书。这种板书要把易混概念、法则、公式进行对比，在对比中分清正误，在对比中进行辨析，利于揭示知识结构及各部分的逻辑关系。在比较时可使用彩色粉笔及时勾出重点	这种板书能突出教学内容之间的联系或区别，使之形成鲜明的对照，特别能启迪学生的思维，利于学生形成探究性学习习惯
图示式	简单的板画配合文字、线条等结合图解教学内容	图文并茂，直观形象，便于学生形成直观印象
词语式	根据教学内容，提炼精髓，把握重点词语，运用几个有代表性的、存在内在联系的关键词，有逻辑地进行排列组合	简明概括主要的教学内容，能促进学生对学习内容的理解和记忆，有利于学生培养思维能力

板书举例见图 3-3～图 3-10。

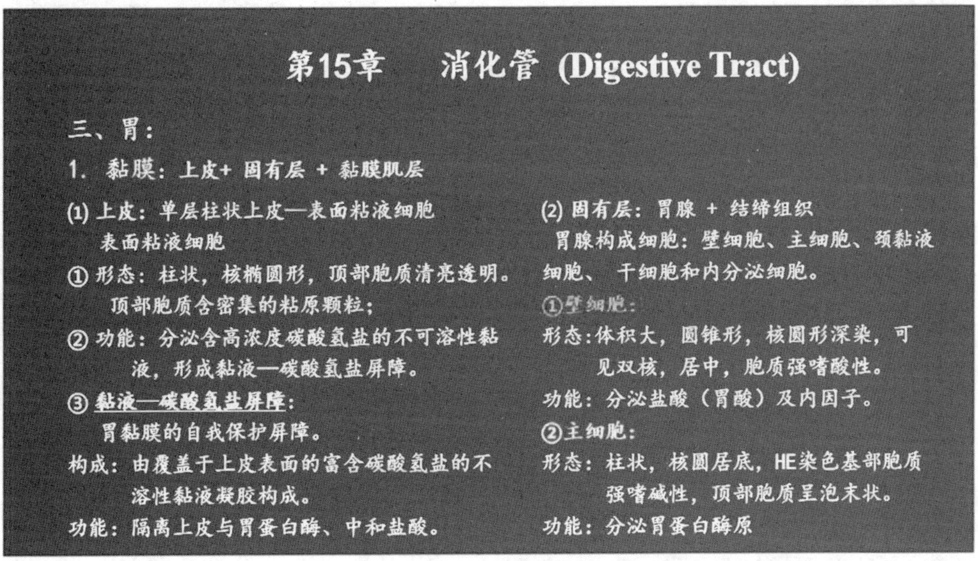

图 3-3　摘录纲目式板书

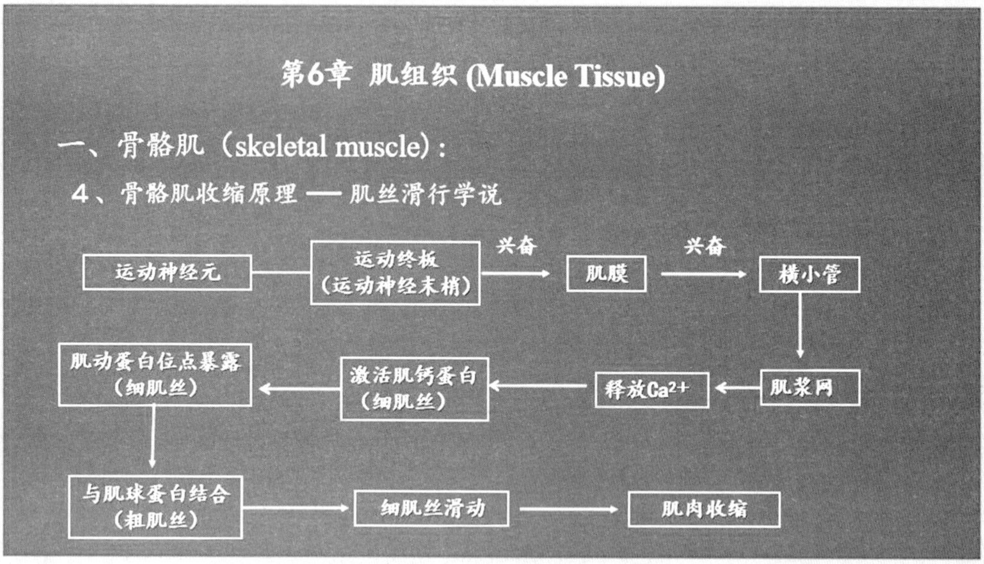

图 3-4　流程图式板书

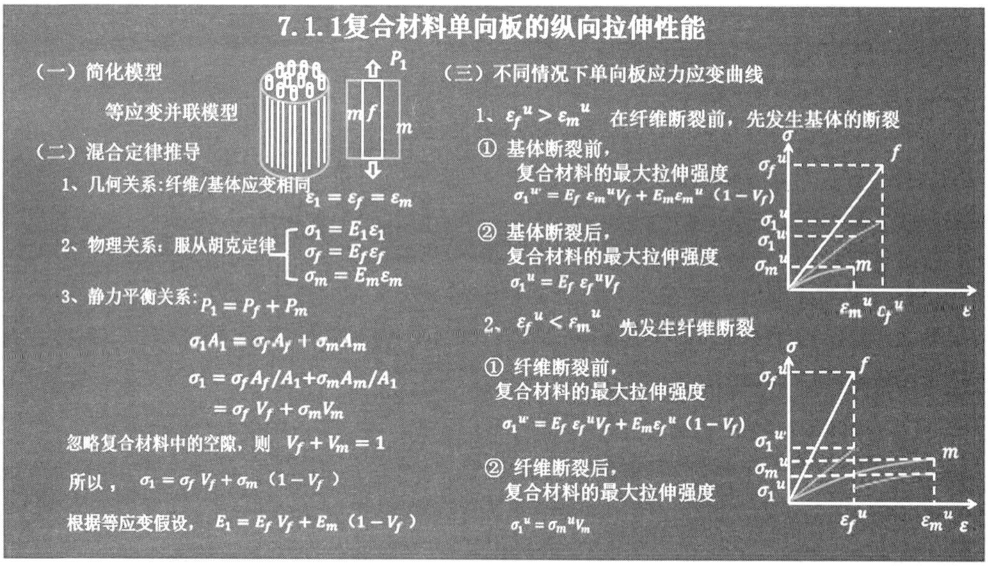

图 3-5　图形示意式板书

五、板书设计中要注意的问题

（一）板书设计要有计划性，注重生成性

板书是直观教学，不能独立，必须与口授教学相结合。教师在写教案时就要注意板书的设计，要做到讲写配合，主副板书布局合理，才能相得益彰。

(1) 计划性。在课堂教学中，根据教材和课型不同，教师要善于把握时机，使教师和学

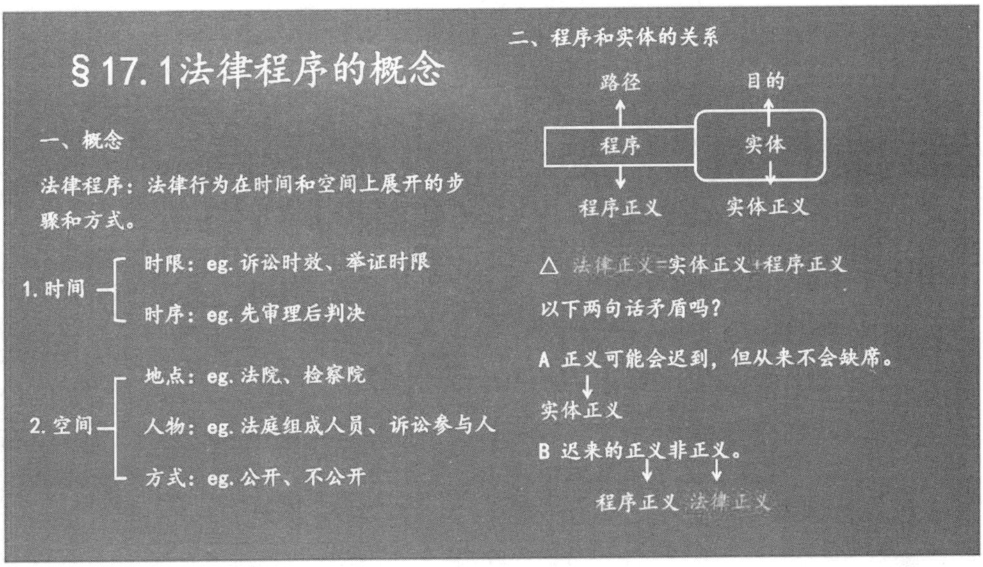

图 3-6 图形示意式板书

第十二章 免疫系统

三、周围淋巴器官：

	淋巴结	脾
被膜	薄，有输入淋巴管穿入	厚，内含平滑肌
实质	皮质和髓质	白髓、红髓和边缘区
骨髓依赖区（淋巴小结）	皮质的浅层皮质	白髓的动脉周围淋巴鞘的一侧
胸腺依赖区	皮质的副皮质区	白髓的动脉周围淋巴鞘
淋巴索	髓索（髓质内）	脾索（红髓内），含大量血细胞
窦	淋巴窦（髓质，淋巴）	血窦（红髓，血液）
淋巴细胞进入淋巴组织的通道	副皮质区毛细血管后微静脉	边缘窦
主要功能	滤过淋巴，免疫应答	滤过血液，贮血，造血，免疫应答

图 3-7 表格式板书

生的双边教学活动配合默契。一般板书展示的时机是：① 边讲边写。教师口头语言讲述某部分后，立即写出相应的板书。这种讲写结合的方法可以较好地吸引学生的注意力，适合新内容的讲授。② 先讲再写。先讲再写是指教师先用口头语言进行详细地讲授，再通过板书以文字的形式对教学内容进行归纳总结。在教学改革中，教师先指导学生观察、探究或实验，再由教师总结归纳点评时，辅以板书印证结论，这种形式符合学生的认知规律，可以加深学生的印象。③ 先写再讲。讲课前教师先把本节课中的分题框架结构写在黑板上，再按照

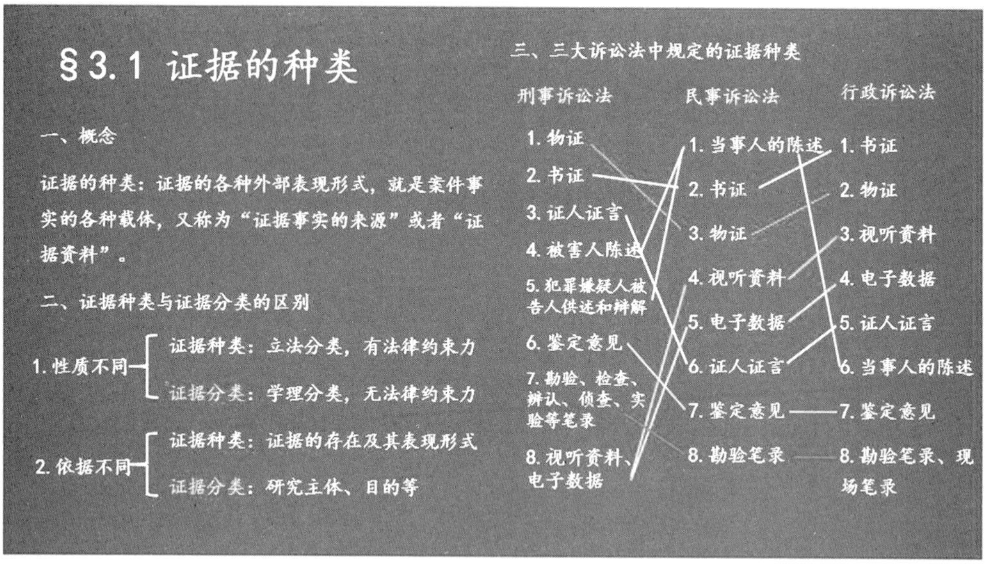

图 3-8 比较对照式板书

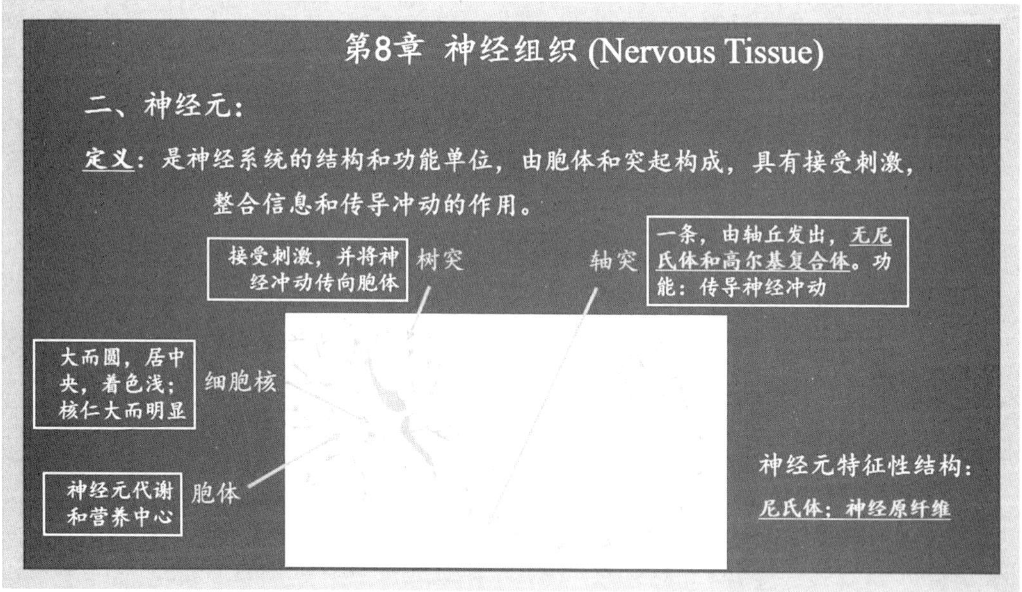

图 3-9 图示式板书

书写顺序分别讲授，每个分题的重点内容再补充到板书上。这种方式适合复习课或习题课，利于学生对全课内容在上课之初就预先了解。

（2）生成性。板书设计要符合教材的逻辑顺序和学生思维发展规律，书写时机要做到与教学内容同步，与讲解语言紧密结合，体现内容的前后联系。板书内容之间要相互呼应，使学生能够通过板书引出思路，抓住重点。

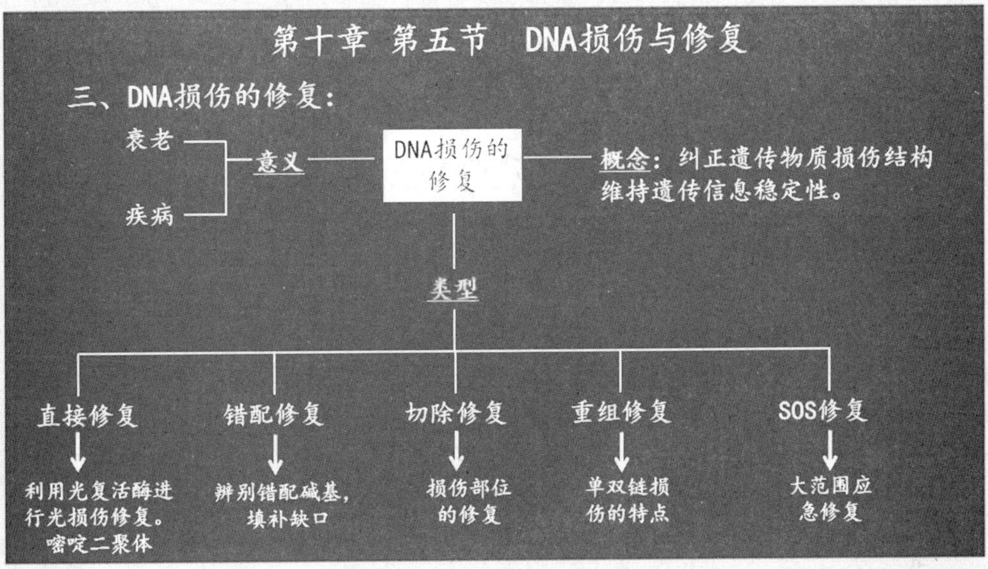

图 3-10 词语式板书

（二）设计要有艺术性

板书的艺术性体现在对符号、图形、线条的设计和布局中，具体表现见表 3-13。

表 3-13 板书设计的艺术元素

内容	要求
借用符号	文字是完整而系统的符号。除此之外，教学板书的符号还包括数学运算符号、气象符号、速写符号、批改符号、箭头符号、外文字母、商标、代号、记号等
运用线条	教学板书常常运用线条与文字、符号、图形配合，借以表情达意、教书育人。线条有直线、曲线，有实线、虚线，有横线、竖线、斜线，有单线、复线等
制作表格	表格分竖表和横表两种，其特点是概括精要、简单明了、整齐端正、内涵丰富、对比强烈，给人一目了然之感
创造图形	教学板书中使用图形示意，因其形象生动会取得良好的教学效果。板书中常用的图形包括示意图、简笔画、板画、板贴等。有学者把板画划分为平面图、剖面图、立面图、全息图、地形图、解剖图、示意图、综合图
谐调色彩	板书设计应追求色彩合理搭配，尽量做到恰当、蕴藉、和谐。恰当是指板书色彩搭配合理。板书有强调作用，白色外加其他颜色可以突出重点、难点、疑点、要点、特点。蕴藉是指板书色彩含义深刻，富有象征意味，起表情达意作用。和谐是指板书色彩搭配谐调，有审美价值

（三）注意板书与 PPT 合理结合

传统黑板板书与以多媒体课件为主要形式的现代屏幕板书各有优势和不足，需要我们在扬长避短、巧妙整合后加以运用。教师在教学过程中，只有将体现动态美的多媒体教学与理性美的板书教学结合起来，实现生动形象与精辟简练的相互交融，最大限度发挥各自优势，从而提高教学效果。

总之，板书是每位教师根据自己对教材的理解进行的个人创造，是教师教学个性魅力的独特表现，因人而异，不可能有标准答案，不可能只是一个模式，青年教师应该根据自己的学科特点、教学内容、学生特点和自身特点设计出有自己个性的板书。

第四节 课堂掌控策略

课堂主要由教师、学生和知识（包括各种技能）、信息三要素组成。课堂教学效果如何，除了教师专业技术水平这个重要因素外，另一个非常重要的因素就是教师掌控课堂教学的能力。如何掌控课堂，这是一个教师必须掌握的教学手段，是每个教师去要不断探索和研究的教学艺术。作为刚刚步入教师队伍的青年教师，更应该在充分发挥自己专业优势的同时，在教学中遵循教学规律，掌握各种教学策略，提高课堂掌控能力，开创自己的教学风格。

一、课堂掌控的概念

课堂掌控是教师对课堂上学习情境的创设控制，对教学时间的合理分配，对达成教学目标的策略使用，对课堂气氛的调节，对学生学习方式的指导应用，意味着教师对课堂教学的预见性、渐进性、限时性的把握。掌控、驾驭课堂是教师的教学艺术，更是教师责任心的充分体现。

课堂掌控能力是指教师为了保证课堂教学的成功，达成一定的教学目标，在教学过程中，将教学活动本身作为意识的对象，不断对其进行积极主动的评价、反馈、调节和控制的能力。具体化为教师根据课堂上的各种信息灵活的调节课堂教学的内容、教学目标、环节、节奏、氛围、时间等一切因素，使课堂教学顺利开展的行为。

二、课堂掌控能力的特点

课堂掌控能力特点如下：课堂气氛和谐民主、调控到位；教学秩序紧凑有效；学生学习思维活跃，课堂上既有预设内生成，又有预设外生成；教师对课堂掌控有显性之处又有隐性之处，处理问题的时机恰当；教学时间分配得当；教学效果好。课堂掌控能力具有个人独特性和情境性。

个人独创性：课堂掌控能力是教师长期教学实践经验的积累和升华。教师的课堂掌控行为显露着个人的独特性，这种鲜明的特征往往是自己不经意地流露出来而不是刻意模仿他人的。

情境性：学生是千差万别的，而且随着年龄的增长认知也在发生变化，教学情境需要不断变化着，教育内容也随着不同学生和教育情境的变化而变化着。课堂掌控的情境性就在于它的变化，这也正是教育的复杂性所在。情境性特点要求教师必须以实践性智慧来应对课堂，而不能复制操作模式。

三、课堂掌控能力的构成

（一）课堂组织能力

教师课堂组织管理能力是指教师对课堂教学中各种要素进行调控，创设适宜的教学情境，以激发学生学习兴趣、调动学生积极性，从而提高学习效率，达成教学目标的能力。教师在课堂教学中，要根据课时目标、教学内容、学生实际，灵活恰当地运用各种教学技巧，对教学内容进行巧妙安排，组织课堂，调控课堂。课堂组织能力的好坏之间关系教学质量的高低和教学效果的好坏。

在课堂教学中，教师除了“教”的任务外，还有一个“管”的任务，也就是教师为了完成教学任务，调控人际关系，和谐教学环境，引导学生学习的一系列教学行为方式。教师课堂教学的组织管理能力包括：善于与学生交往的能力，善于发动学生积极参与学习活动，激发学生学习动机的能力，善于营造课堂教学环境的能力，善于组织形式多样的教学活动的能力，善于管理课堂教学中学生学习行为与纪律的能力，善于反馈、调控课堂教学的能力，善于评价课堂教学，激励学生学习的能力，善于处理偶发事件的应变能力、较强的人格、情绪的感染力等。

课堂组织管理意味着教师要注重学生的课堂参与和课堂感受，让学生在参与和感受中收获知识。通常课堂管理方法有：创设情境法、表情感染法、停顿吸引法、目标指引法、趣味激发法、设疑法、激励法、竞赛法、暗示法和人文评价法等。以为学生发展服务为目的，以“读懂学生、读懂教材、读懂课堂”为前提进行课程整体设计，将学生的收获、课程是否有意义、有效率、有生成性等作为衡量一门成功课程的标准。课堂组织的一个重要原则，就是要让知识融入课堂，而不是让知识主宰课堂。

（二）课堂观察能力

尽管课前教师会对课堂的教学内容进行完整、多角度的分析，对教学过程中可能会遇到的问题有过种种估计，但课堂不断变化，学生课堂上的一些反应是教师始料不及的。这就要求教师在课堂教学过程中始终要敏锐地、深入地、多角度地观察学生，捕获各种信息，及时把握及处理这些信息。多角度观察指注意全面而客观地观察和认识学生，课堂上学生整体参与的程度从根本上决定了课堂的效率。例如，在小组合作学习中，教师应反复观察，否则难以把握学生学习的真实面貌和发展趋势，更谈不上正确的引导和培养。课堂中，需要教师能够准确及时洞察学生的临场反应，课堂的接受情况，课堂上学生的情绪、表情常常呈现变动状态，如果教师能够迅速及时地捕捉学生瞬间表情和行为的变化，采取适宜的措施，或适当调整教学内容，或进行课堂节奏的及时调整，就能够始终保证课堂教学的针对性，及时把学生的注意和思维引向教学中心。

（三）课堂反馈能力

教师课堂反馈行为是教师为了判断学生的学习情况、了解自己的教学效果、促进学生的有效学习而开展的对课堂上的各种信息迅速及时地进行分析对比、综合判断、推理和反映的活动。反馈行为有不同的分类，例如，反馈可以分为肯定性反馈和否定性反馈。

美国心理学家加涅认为，学习的每一个动作，如果要完成，就需要反馈，反馈是学生学习的重要条件。可见，教学反馈与教学效益有着明显的正效应关系。对学生而言，反馈可以有效地帮助学习者强化正确、改正错误、找出问题所在、改进学习方法等。

课堂教学是动态的、变化的，是激情与智慧共存的，教师需要不断地捕捉、判断、重组课堂教学中涌现出来的各种反馈信息，洞察学生思维所处状态，迅速判断信息的有效度如何，是否能展现学生的学习过程和方法，是否能体现学生的情感态度与价值观，及时调整教学节奏。教师获得反馈信息的渠道有学生的口答或面部表情、学生的练习和考试成绩。

教师的反馈行为应该促进学生的发展。如果教师能从培养学生学习兴趣和增强学生自我认识的角度出发给予学生积极而又客观的反馈，就可以促使学生把鼓励化作行动。因此，教师要在课堂教学中及时反馈、及时调控和矫正，达到提高课堂教学效果的目的。

（四）课堂教育机智能力

教育机智是指教师在特定的教育情境中，依据学生的具体情况，选择促进学生全面发展的手段，并作出符合各种具体教育情境的教育决策和付诸实施的能力。对于青年教师来说，培养教育机智是促进其专业成长的重要手段。

在备课和书写教案的过程中，教师已经作了教学环节、教学步骤的预设，但在实际课堂教学过程形成的情境是由具有不同个性特征的学生群、特定环境及由此而决定的独特教学氛围等多种因素构成的综合体，充满了不确定性，这就要求教师具备一定的应变能力，能够围绕预设的目标，在特定的情境中及时作出正确的教育决策并付诸实践，从而有效地实现教育教学目标。

教学机智属于实践性知识，是教师在长期的教育活动与不断变化的教育情境中，经过磨练与感悟而逐渐生成的。教育机智贯穿于整个课堂教学中，一方面，教学机智体现在教师对课堂教学的掌控。另一方面，体现在对教育对象的引导以及关心。培养教师的教育机智，关键在于加强教师的教育理论修养，训练教师的思维反应品质，提高教师对教育现场的观察力和判断力，丰富教师的教育实践经验。

（五）课堂系统把握能力

课堂系统把握能力是指教师能够正确把握教学目标、稳定教学节奏、控制教学结构的能力。

把握教学目标要求教师从整体、全局，适时适情地掌控课堂，并随时反思是否有助于教学目标的实现，并根据课堂实际情况对自己所定的教学目标进行反馈和调控。

稳定教学节奏需要具有合理掌控教学节奏的能力。应变能力较强的教师能自由调节教学节奏，使学习内容安排得错落有致，根据学习情况，合理分布重点和非重点、难点和非难点，时间分配恰到好处；教学语言生动形象，营造艺术的课堂气氛；教学速度有快有慢、有急有缓、有张有弛，节奏合理。教学节奏的掌控还需要课堂教学做到阶段分明、环环相扣、张弛得体，为学生创造良好的教学情境。

第四章　混合教学

在科学技术日益发达的今天，信息技术已经广泛应用于现在的教育教学中。信息技术的应用摒弃了传统教学固定授课模式，大大提高了课堂效率，能生动直观地通过图文、声像的综合作用，巧设情境，激发学生的求知欲望；再现过程，培养学生的创新精神；化静为动，突破重点、难点；创设悬念，引导学生探究问题；互动学习，培养学生合作、自主精神。将"以教为中心"和"以学为中心"的教学模式相揉合与优势互补，运用具有交互性的教学和学习工具，应用以计算机为核心的现代教育技术，增加学生亲身体验为主的学习内容，培养学生的认知能力、实践能力和创造能力。这里主要讲述微课、慕课、翻转课堂和混合式教学等运用现代信息技术进行课堂教学的模式。

第一节　微　　课

随着现代教育技术的发展，新的现代化教育手段层出不穷，微课(Microlesson)作为一种全新现代教育手段，将图形、文字、声音、视频有机地融为一体，直观形象、生动有趣，给学生提供了虚拟的真实世界，充分调动了学生的学习积极性，培养了学生浓厚的学习兴趣。因此，微课教学手段是提高课下效率的一个重要途径，并赋予课程以生命，使其更加精彩。

一、概述

微课是一种新型教学资源，是以短小精悍的在线视频为表现形式，以学习或教学应用为目的，经过精心的信息化教学设计或展示教师围绕某个(某些)知识点(技能点)开展的简短、完整的教学活动。微课主要是支持翻转课堂、混合学习、移动学习、碎片化学习等多种学习方式，以先进教育思想和教学理念为指导，使学习者自主学习达到最佳效果。

微课资源基本构成用"非常 4＋1"来概括。"1"是微课的最核心资源：一段精彩的教学视频(一般 5 分钟左右，最长不超过 10 分钟)，这段视频应能集中反映教师针对某个知识点、具体问题或教学环节而开展的精彩教与学活动过程，教学形式和教学活动地点可以多样化(不一定局限在教室或课堂上)。"4"是要提供 4 个与这段教学视频(知识点)相配套的、密切相关的教与学辅助资源，即微教案(或微学案)、微课件(或微学件)、微练习(或微思考)、微反思(或微反馈),这些资源以一定的结构关系和网页的呈现方式营造一个半开放的、相对完整的、交互性良好的教与学应用生态环境。

微课一般没有复杂的课程体系,也没有众多的教学目标与教学对象,只讲述一两个知识点,看似零碎,没有系统性和全面性,但是针对特定的目标人群,传递特定的知识内容。一组微课所表达的知识仍然需要具有系统性、全面性。它是针对传统单一资源类型的局限性而发展起来的一种新教学资源建设和应用模式,具有教学时间短、教学内容少、资源容量小、资源构成丰富,主题突出、指向明确,制作简单、传播便捷,评价及时,针对性强等特点。

二、微课类型

微课的分类有多种形成,其中最重要的分类方式是按照课堂的教学方法进行分类。教学方法是教师和学生为了实现共同的教学目标,完成共同的教学任务,在教学过程中运用的方式与手段的总称。学者们将微课分为11种,具体的分类详见表4-1。

表4-1 按照教学方法进行的微课分类

分类依据	教学方法	微课类型	适用范围
以语言传递信息为主	讲授法	讲授类	适用于教师运用口头语言向学生传授知识(如描绘情境、叙述事实、解释概念、论证原理和阐明规律)
	谈话法	问答类	适用于教师按一定的教学要求向学生提出问题,要求学生回答,并通过回答的形式来引导学生获取或巩固检查知识
	启发法	启发类	适用于教师在教学过程中根据教学任务和学习的客观规律,从学生的实际出发,采用多种方式,调动学生的主动性和积极性
	讨论法	讨论类	适用于教师指导下,由全班或小组围绕某一中心问题发表各自意见和看法,共同研讨,相互启发,集思广益
以直接感知为主	演示法	演示类	适用于教师在课堂教学时,把实物或直观教具展示给学生看,或者做示范性的实验,或通过现代教学手段,通过实际观察获得感性知识以说明和印证所传授知识
以实际训练为主	练习法	练习类	适用于学生在教师的指导下,依靠自觉的控制和校正,反复地完成一定动作或活动方式,借以形成技能、技巧或行为习惯
	实验法	实验类	适用于学生在教师的指导下,使用一定的设备和材料,通过控制条件的操作过程,引起实验对象的某些变化,从观察这些现象的变化中获取新知识或验证知识
以欣赏活动为主	表演法	表演类	适用于在教师的引导下,组织学生对教学内容进行戏剧化的模仿表演和再现,以达到学习交流和娱乐的目的,促进审美感受和提高学习兴趣
	自主学习法	自主学习类	适用于以学生作为学习的主体,通过学生独立的分析、探索、实践、质疑、创造等方法来实现学习目标

表 4-1(续)

分类依据	教学方法	微课类型	适用范围
以引导探究为主	合作学习法	合作学习类	合作学习是一种通过小组或团队的形式组织学生进行学习的策略
	探究学习法	探究学习类	适用于学生在主动参与的前提下，根据自己的猜想或假设，运用科学的方法对问题进行研究，在研究过程中获得创新实践能力，获得思维发展，自主构建知识体系

值得注意的是，一节微课作品一般只对应于某一种微课类型，但也可以同时属于两种或两种以上的微课类型的组合(如提问讲授类、合作探究类等)，其分类不是唯一的，应该保留一定的开放性。同时，由于现代教育教学理论的不断发展，教学方法和手段的不断创新，微课类型也不是一成不变的，需要教师在教学实践中不断发展和完善。

除此之外，微课可以按照课堂教学主要环节进行分类，分为课前复习类、新课导入类、知识理解类、练习巩固类、小结拓展类，以及与教学相关的说课类、班会课类、实践课类、活动课类等。还可以按照微课制作技术进行分类，分为电脑屏幕录制型、高清摄像机实景拍摄型、触摸一体机 PPT 演示型、可汗学院(手写)型、教学故事型等五大类。

三、设计原则

微课要在很短的时间内让学生学习完一个知识点或技能点(如教学重点、难点、疑点等)或某个教学主题的环节、活动等，这就决定了它必然与传统的各种课的设计形式有很大的不同。一节微课一般讲授一个知识点，通常选取教学内容的重点难点，且所选内容适合用多媒体表达，能够在教学过程加入丰富的图形图像、多姿的动画、声色兼有的视频，有利于教学资源分享，为学生(教师)解惑，启发教学。总体上在微课的设计过程中应遵循三个原则。

(一) 微原则

"微"是微课区别于其他课程的最本质的特征，所以在设计微课的过程中，要充分遵循"微"原则。"微"具体表现在：一是资源容量小，一般不超过几十兆，只要有电脑、手机或平板电脑等，都可以在线播放，也可以灵活方便地下载并保存到电脑或移动设备，实现随时随地学习和资源共享；二是讲解时间短，一般不超过 10 分钟；三是选取的内容是针对教学中某个知识点或技能点，如重点、难点、疑点或是专题、实验活动等。

(二) 以"学习者为中心"原则

微课是为学习者服务的，是以学习者的最终学习体验来衡量微课效果的。设计过程中，选择的课程内容和各项资源的组织都要以学习者为中心来进行。在选择内容方面，先要了解学习者的学习需求，明确学习者需要的是什么，要充分分析学习者的学习特征；在学习资源的组织上，要以学习者为主体地位，充分体现主体性，调动学习者的学习积极性、主动性，从而激发学生的学习兴趣，保持良好的学习动机；在微课的设计过程中要强调"情境"的建构，让学生成为学习过程的主体。

(三) 交互性原则

在设计微课的过程中，如果从头到尾一直是纯文字的讲解，只会让学习者感觉到枯燥、乏味，从而导致教学效率不高。在学习过程中，课程内容以画面和词语组合在一起呈现，要比只有单一的词语呈现，对于学习者来说学习效果更好，学习兴趣也更浓厚。所以，在微课的设计过程中，要根据内容的需要加入与其内容相符的图片等元素，来增加微课的生动性。

一门优秀的微课作品应关注一个教学知识点，制作教学资源能够简明扼要地概述知识点，点拨难点，突出注意点，循序渐进帮助学生完成对知识点的学习。具体的评审标准详见表 4-2。

表 4-2 微课的评审标准

一级指标	二级指标	指标说明
选题设计	选题简明	主要针对知识点、例题/习题、实验活动等环节进行讲授、演算、分析、推理、答疑等教学选题。尽量“小而精”，建议围绕某个具体的点，而不是抽象、宽泛的面
	设计合理	应围绕教学或学习中的常见、典型、有代表的问题或内容进行针对性设计，要能有效解决教与学过程中的重点、难点、疑点、考点等问题
教学内容	科学正确	教学内容严谨，不出现任何科学性错误
	逻辑清晰	教学内容的组织与编排应符合学生的认知逻辑规律，过程主线清晰、重点突出，逻辑性强，明了易懂
作品规范	结构完整	具有一定的独立性和完整性，作品必须包含微课视频，还应包括微课录制过程中使用到的扩展资料：微教案、微习题、微课件、微反思等，以便其他用户借鉴与使用
	技术规范	微课视频时长一般不超过 10 分钟，视频画质清晰、图像稳定、声音清楚、声音与画面同步；微教案要围绕所选主题进行设计，要突出重点，注重实效；微习题设计要有针对性与层次性，设计合理难度等级的主观、客观习题；微课件设计要形象直观、层次分明、简单明了，教学辅助效果好；微反思应在微课拍摄制作完毕后进行观摩和分析、力求客观真实、有理有据、富有启发性
	语言规范	语言标准，声音洪亮，有节奏感，语言富有感染力
教学效果	形式新颖	构思新颖，教学方法富有创意，不拘泥于传统的课堂教学模式，类型多样；录制方法与工具可以自由组合
	趣味性强	教学过程深入浅出，形象生动，精彩有趣，启发引导性强，有利于提升学生学习积极主动性
	目标达成	完成设定的教学目标，有效解决实际教学问题，促进学生思维的提升、能力的提高

四、制作流程

微课的制作流程分为三个阶段，分别为选题与分析、设计与制作、应用与评价，具体设计模式见图 4-1，每个环节都是相互关联的。

（一）选题与分析

（1）明确教学任务。教务任务即本节课要完成的教学内容，是连接教学目标与学习结果，选择教学策略的桥梁。通过分析教学任务，可以帮助教师明确该任务所需要的预备知识技能，明确把握总任务和子任务之间的关系，考虑不同学生的多样化学习需求，帮助教师从

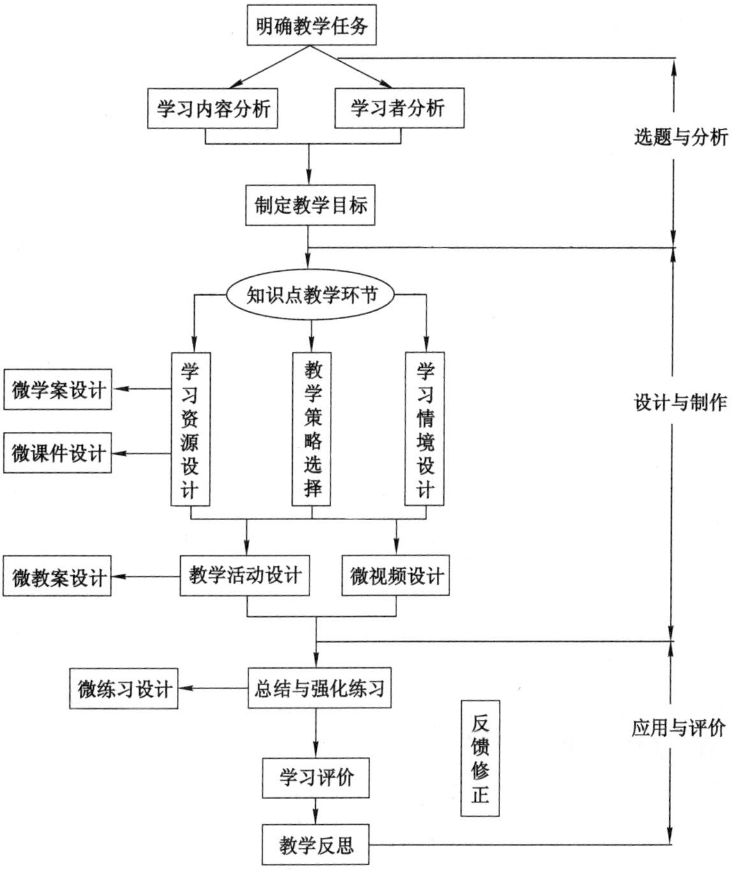

图 4-1 微课教学设计模式

学习者的角度来看知识内部的层级以及知识的类型，从而在选择教学策略时更加具有针对性。对于一门课程，教师可以把这学期要完成的教学内容设计成一个或多个具体的任务，每一个具体的任务就可以是一个微课内容。在选择教学内容时需要注意：选取教学中的某一知识点（重点、难点等）或专题或小故事、小策略等作为教学内容；针对教学中典型的、容易出现错误的内容或问题进行设计；设计的类型可以多样；选题尽可能具有代表性、示范性、独立性，能够有效解决教学中的疑难问题。

（2）对学习内容进行分析。学习内容分析时根据课程标准和要求，规定学习内容的深度和广度，并揭示学习内容各组成部分之间的联系。通过对学习内容的分析，可以预先判断，学生在学完微课之后能够知道什么，能够掌握什么，能够做到什么，教师可以了解为了达到教学目标，需要具备哪些先修知识和技能，以及知识内容的结构、最佳教学顺序等。

（3）对学习者进行分析。学习者既是教学的对象，又是学习的主体。对学习者的分析，是为了解学习者的学习准备情况及其学习特点，为教师下一步制定教学目标提供依据。教师在设计教学活动时，对学习者的情况进行分析，这样设计出来的微课才更贴合学习者的实际需求。学习者情况分析包括对学生"前概念"的分析和对学生已有认知方式的分析，目的是明确已有知识基础和所学知识之间的差异，分析学生的认知脉络，确定问题线索和解决问题所需要的证据，为选取教学策略，设计教学活动提供依据。

(4) 制定教学目标。微课教学设计的目标应注重个性与创造性的发展，帮助、引导学生自我实现。微课是围绕选定的知识点或课题或一个实践操作而展开的，包含的学习内容少而精，因此教学目标必须是明确的、简洁的、突出的，这样更有利于学生实现目标。

(二) 设计与制作

(1) 学习资源设计。微课学习资源的设计要求教师借助信息化的网络平台，收集与学生主题相关的内容精彩、丰富多样的资源，再将各类资源重新加工组合，提供给学习者。应该避免将资料一股脑地塞给学习者，这样势必会影响学习效果。

学习资源的设计分为两部分：一是对微学案的设计。微学案能够使学习者明确学习任务，在任务的驱动下，学习者能够更好地完成微课的学习，同时能够很好地督促学习者集中注意力，提高自主学习能力。二是微课件的设计。在微课的教学过程中，利用微课件能很好地辅助教师的讲授。为了让学生在短时间内迅速找到视觉关注点，在设计微课件时要注意添加必要的导航标识，如用箭头、下划线、色彩、闪光等标出当前讲解内容的位置。此外，微课件的设计应该做到画面简洁，尽量避免无关要素的干扰，字体和背景的颜色搭配协调，文字清晰一目了然。

(2) 教学策略的选择。微课策略选择必须体现微课教学的特点。从教学内容的性质看，经由微课传授的教学内容本质上属于间接经验，学生的学习是一个接受间接经验的过程；从信息传播的角度看，微课中的信息流动基本上是单向传递，学生处于被动接受地位，教学过程缺乏双向互动；从学习者角度看，学生利用微课进行自主学习，具有独立的选择权和决定权，微课教学必须能够契合满足学生的需求，才能达到理想的教学效果。

(3) 学习情境的设计。建构主义学习理论认为，发生在真实情境中的学习是最好的学习。教学实践也证明，与真实情景相关联的学习内容容易引起学生关注，注意力维持时间较为长久。在微课中使用情境创设、案例分析、讲故事的策略能够有效吸引学生关注力。例如，一个关于“青少年旅游团队接待技能”的微课中，设计者没有照本宣科，按部就班地把各种接待技能逐一罗列讲解，而是通过讲述一个青少年旅行团在行程中不断发生的故事(集合不准时、途中生病、人员走散、用餐不满意等)，巧妙地把教学内容——青少年团队接待技巧融入其中，整个教学过程情景真实而又充满故事性，内容紧凑不散乱，教学效果好。值得注意的是，微课是以视频为载体的，而视频非常适合用于创设情境、展示案例、讲述故事。很多教学内容都适合使用情景化、案例化、故事化的策略。在某种意义上，几乎所有的教学内容都可以在现实生活中找到发生的情景，只要教师用心设计是不难找到教学内容与现实生活的关联点。

(4) 教学活动的设计。微课教学活动的设计即微教案的设计是整个微课设计的主线，在整个教学环节的设计中，要求精炼完整、重难点突出，主要包括教学问题的导入、教学内容的讲解、知识点总结等环节。由于微课教学时间短，导入课程必须迅速。可以设置一个题目或问题引入课题；可以从生活现象、实际问题引入课程；也可以开门见山进入课程。在讲授过程中，尽可能抓住一条线索，并在该条线索上突出重点内容，着重进行主干知识的讲解和教学活动的设计。教师语言要求，富有感染力，做到准确、逻辑性强、简单明了。在微课的结尾，用二三分钟时间对一节课的教学进行归纳和总结，使微课的课堂结构趋于完整。小结不在于长而在于精，在注重总结内容的同时更注重凝炼其内涵和本质。

（三）应用与反馈

微课不仅仅是一个单纯的视频，而且还包括微课件、微学案、微练习（思考题）等。一个没有设计练习、提出问题的微课，其学习效果只能是满足学生的视觉感官的愉悦。因此，练习要适当设计，最好分层次（进阶练习），问题也需要设计并在恰当的时机提出（如口头提问、板书字幕提问等）。好的微课学习不能仅限于微课视频的时长（如 5 分钟），而是在视频中或视频外还有问题、练习的设计，使学生在微课视频学习时能够形成完整的、连续的学习链。

五、制作方法

现有的微课的录制加工技术（视频的转录、切片、合成、字幕处理等）可以简单总结如下。

（一）外部工具录制（录像机＋白板）（图 4-2）

图 4-2　录像机＋白板录制方式

（1）工具与软件：便携式录像机、黑板、粉笔、其他教学演示工具。

（2）方法：对教学过程摄像。

（3）过程简述：

第一步，针对微课主题，进行详细的教学设计，形成教案。

第二步，利用黑板展开教学过程，利用便携式录像机将整个过程拍摄下来。

第三步，对视频进行简单的后期制作，可以进行必要的编辑和美化。

优势：可以录制教师画面，教师按照日常习惯讲课，无需改变习惯，黑板上的内容与教师画面同步。

不足：需要专门的演播环境，设备和环境造价高，需要多人合力才能完成微课视频的拍摄，效率低，后期编辑需要专业人士配合。

（二）屏幕录制（屏幕录制软件＋PPT）（图 4-3）

图 4-3　屏幕录制软件＋PPT 录制方式

（1）工具与软件：电脑、耳麦（附带话筒）、录屏软件 Camtasia Studio、snagit、CyberLink YouCam 及 PPT 软件。

（2）方法：对 PPT 演示进行屏幕录制，辅以录音和字幕。

（3）过程简述：

第一步，针对所选定的教学主题，搜集教学材料和媒体素材，制作 PPT 课件；

第二步，在电脑屏幕上同时打开视频录像软件和教学 PPT，执教者带好耳麦，调整好话筒的位置和音量，并调整好 PPT 界面和录屏界面的位置后，单击“录制桌面”按钮，开始录制。执教者一边演示一边讲解，可以配合标记工具或其他多媒体软件或素材，尽量使教学过程生动有趣。

第三步，对录制完成后的教学视频进行必要的处理和美化。

优势：录制微课较快捷方便，个人电脑上即可实现。

不足：Camtasia Studio 软件的应用较复杂，不支持直接手写，要实现手写功能还需安装并启动手写设备的配套软件，对教学应用缺乏一定针对性。

（三）便携视频工具简单拍摄（手机或数码相机＋白纸）（图 4-4）

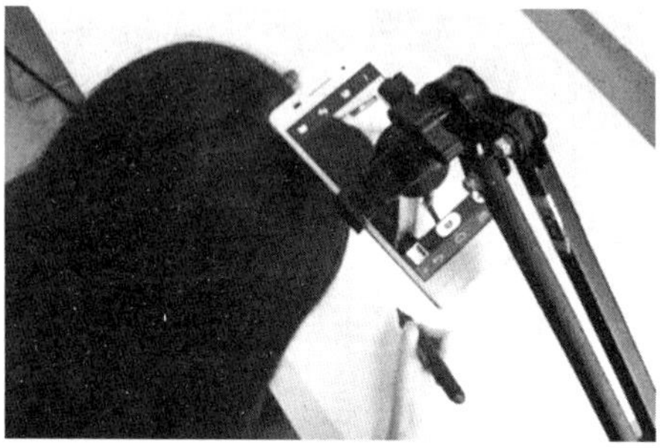

图 4-4　手机（数码相机）＋白纸录制方式

（1）工具与软件：可进行视频录制的手机、一打白纸、几只不同颜色的笔、相关主题教案。

（2）方法：使用便携摄像工具对纸笔结合演算、书写的教学过程进行录制。

（3）过程简述：

第一步，针对微课主题，进行详细的教学设计，形成教案；

第二步，用笔在白纸上展现出教学过程，可以画图、书写、标记等，用手机将教学过程拍摄下来。尽量保证语音清晰、画面稳定、演算过程逻辑性强，解答或教授过程明了易懂。

第三步，可以进行必要的编辑和美化。

优势：工具随手可得。

不足：录制效果粗糙，声音和画面效果较差，只能表现手写内容，无法实现其他多种效果。

（四）新型屏幕录制（录屏录制软件＋手写板＋画图工具）（见图 4-5）

（1）工具与软件：屏幕录像软件，如 Camtasia Studio、CyberLink YouCam 等，手写板、麦克风、画图工具，如 Windows 自带绘图工具。

（2）方法：通过手写板和画图工具对教学过程进行讲解演示，并使用屏幕录像软件录制。

（3）过程简述：

第一步，针对微课主题，进行详细的教学设计，形成教案。

图 4-5　录屏录制软件＋手写板＋画图工具录制方式

第二步，安装手写板、麦克风等工具，使用手写板和绘图工具，对教学过程进行演示。

第三步，通过屏幕录像软件录制教学过程并配音。

第四步，可以进行必要的编辑和美化。

（五）录制白板（可汗模式）（图 4-6）

图 4-6　可汗模式

（1）进入手写录屏宝白板工具（可以自定义设置白板的背景颜色）。在白板上对教学过程进行板书演示讲解。

（2）通过手写录屏宝功能同步录制教学过程。

（3）通过手写录屏宝视频编辑功能对录制的视频进行后期编辑美化（可进行后期配音、切分、合并、封面封底制作、扩音等）。

（六）录制实物展台（外接高拍仪或专业录像设备）（图 4-7）

图 4-7　外接高拍仪或专业录像设备录制方式

（1）将录像设备连接到电脑上，将设备摄像头对准展台区域。

（2）通过手写录屏宝高拍仪中的录像功能对实物展台进行同步录制。

（3）通过手写录屏宝视频编辑功能对录制的视频进行后期编辑美化（可进行后期配音、

切分、合并、封面封底制作、扩音等)。

优势:手写录屏宝是集屏幕录制、电子白板、手写板、PPT 插件、视频编辑、绘画板于一体的专业微课制作工具。提供微课制作一体化解决方案。无空间局限性,可以在任何地点实现微课制作。使用风格符合用户习惯,操作简单易上手。

不足:可展现微课制作者头像,但是不能像录播教室一样展现完整人像。

六、案例展示

具体案例展示见表 4-3。

表 4-3 生物化学微课制作案例

<table>
<tr><td colspan="2">课程名称</td><td colspan="2">生物化学</td><td colspan="2">专题名称</td><td colspan="2">脂代谢</td></tr>
<tr><td colspan="2">所需时长</td><td colspan="2">10 分钟</td><td colspan="2">所属专业及年级</td><td colspan="2">2017 级临床专业</td></tr>
<tr><td colspan="8">一、微课设计</td></tr>
<tr><td colspan="8">(一)知识提取</td></tr>
<tr><td colspan="8">脂代谢知识点分布及微课内容的选择</td></tr>
<tr><td colspan="2">单元知识点</td><td>重难点</td><td colspan="2">一般知识点</td><td>分析</td><td colspan="2">内容选择与标题</td></tr>
<tr><td colspan="2">脂类消化和吸收</td><td>脂肪动员</td><td colspan="2">外源和内源脂肪酸的消化和吸收</td><td>为本章开头部分,与日常生活紧密相连,引导性强</td><td colspan="2">“肥肉的诱惑”
“赘肉的烦恼”</td></tr>
<tr><td colspan="2">脂肪酸的分解代谢</td><td>脂肪酸的 β-氧化</td><td colspan="2">奇数碳脂肪酸的氧化与转运</td><td>β-氧化是章节的核心内容,通过其背景、步骤,最终进行 ATP 的计算</td><td colspan="2">“减肥神器——左旋肉碱”</td></tr>
<tr><td colspan="2">脂肪酸的合成代谢</td><td>脂肪酸的活化、转运及生物合成</td><td colspan="2">甘油的生物合成,胆固醇的生物合成</td><td>脂肪酸生物合成的步骤、ACP 的结构、乙酰基和丙二酰基的作用机制</td><td colspan="2">“摇摆着的一只手”</td></tr>
<tr><td colspan="2">酮体代谢</td><td>酮体的组成、特点及意义</td><td colspan="2">甘油磷脂的分解代谢</td><td>酮体的组成及各自特点、代谢的过程及特点、意义</td><td colspan="2">“小小的能量巨人——酮体”</td></tr>
<tr><td colspan="2">血浆脂蛋白代谢</td><td>脂蛋白的种类与功能</td><td colspan="2">载脂蛋白的种类与功能</td><td>血浆脂蛋白代谢的过程引申及功能,并与临床疾病相关</td><td colspan="2">“疾病的杀手——脂蛋白”</td></tr>
<tr><td colspan="8">(二)脚本设计</td></tr>
<tr><td colspan="8">微课脚本设计</td></tr>
<tr><td>序号</td><td>知识点</td><td colspan="2">解说词</td><td colspan="2">字幕</td><td>画面要求及讲解细节</td><td>时间</td></tr>
<tr><td>1</td><td>片头</td><td colspan="2">肥胖是很多爱美人士非常关注的问题,今天就从科学的角度来谈谈如何控制体型</td><td colspan="2">体型控制:脂肪减肥、运动减肥、药物减肥,哪种减肥效果更佳</td><td>肥胖症状图片,减肥手段图片展示(各种运动减肥项,减肥药物的图片)</td><td>1 分钟</td></tr>
</table>

表 4-3(续)

序号	知识点	解说词	字幕	画面要求及讲解细节	时间
2	外源脂肪酸的消化和吸收	有人说,肥胖是吃出来的,所以首先控制外源脂肪的摄入,知道如何控制吗?让我们来了解摄入脂肪消化和吸收的过程	如何让入口的肥肉不吸收	1. 口腔、胃、肠道的图片,提出问题“脂肪到底在哪吸收。 2. 口腔—胃—肠道脂肪代谢流程图展示。 3. 著名减肥药奥利司他是脂肪酶抑制剂,同学们想到了什么。 4. 不摄入脂肪也长胖,怎么办?——阿卡波糖等糖苷酶抑制剂来解决,其原理是什么	4 分钟
3	内源脂肪酸的讲解	外部来源控制了,我们做到了不增重,现在要来突破如何减重了,那我们必须学习内源脂肪的代谢途径	身上的赘肉如何减掉	1. 赘肉图片展示。 2. 内源脂肪酸活化——运输—β-氧化过程的展示,提示学生这是一个复杂过程,加快任何一个部分都会加快脂肪消耗	2 分钟
4	脂肪酸的活化与转运		如何加快运输。 市面上有款减肥药——左旋肉碱真有减肥效果吗	搭配左旋肉碱各种广告图片,列出其药理作用,让学生查询思考是否真有其宣传的那么神奇	2 分钟
5	总结	如何控制肥胖?哪些方案是靠谱的?能否搞清楚呢	运动减肥 VS 药物减肥	1. 奥利司他有副作用吗? 2. 左旋肉碱靠谱吗? 3. 曲美和以上两种减肥药又有什么不同?为什么 2010 年后下架并停止使用? 4. 减肥的最终方案是什么? 这么多问题,我们一起来学习并解答	1 分钟

(三)媒体分析

脚本设计结束后,还需要进行媒体分析,判断用什么形式更能有助于学习。因此课程中场景布置、字体、图片、动画和配音的结合必须不断斟酌,不断修改完善,并结合使用后的评价反馈继续完善,才能达到较好效果。同时,授课教师对相应软件也要熟悉,并且教学团队还要做好分工合作,才能将以上设计理念最终实现。需要计算机,多媒体、录制方面的教师相互配合

(四)教学评价

微课的好坏最终是需要通过教学效果的评价来判断,通过学生评价、同行评价和督导专家评价得出结论:教学模式新颖有趣,在课程开始前使用能迅速抓住学生的注意力,提升对本章内容的兴趣,并且自主查询资料,课堂上带着问题跟随教师节奏,教学质量大幅提高,课后学生还会针对所学知识进一步查询资料,使得学生基础得到巩固,并且专业素养和自学能力都得到提升和锻炼

第二节　慕　课

伴随互联网技术成功用于教育，开放教育理念得到社会认可，社会化学习成为主要学习形式，发端于开放全球运动、兴起于联通主义学习理念、繁荣于行为主义学习理念的慕课风靡全球，并被多数高校整合和嵌入，相关教学应用日渐增多。不同于以教为主的传统教学、以学为主的网络教学，慕课教学并重模式使全球高等教育技术、观念、体制、模式等发生重大变革，深远影响社会化学习网络构建、知识创造与分享、开放教育发展等。

一、概述

慕课是由有分享协作精神、增强知识传播的个人或组织发布在互联网上的大规模开放课程，是教育领域出现的面向社会免费开放的新型网络课程模式、跨时空学习方式。慕课是基于互联网开放性课程，可以随时随地进行学习，还可以重复观看，具有以下主要特点：规模大、开放课程、网络课程。慕课是基于学生为主体，教师主导教学理念，提供一定的教学资源及交互性论坛、学习社区，在网络环境下的一种教学活动。慕课打破原来学习界限和空间，一定程度上激发学生的学习兴趣，发挥其主观能动性，有利于学习社会化、终身化。慕课的优势和缺陷见表 4-4。

表 4-4　慕课的优势与缺陷

优势	缺陷
开放＋免费	在远程教育方面不够专业：教学设计、教学组织、教学资源的开发
受众面大，学习主动性强	缺乏专业体系，课程多样但零散
课程来源多元化，不局限于一个教育机构	中文资源少，辅导资料少
课程新颖，质量高，课程建设紧跟社会需求	教师资源有限，主要依赖学习者自学和互助
充分利用信息技术手段	学习者退出率高
新颖的教学手段和运营模式	学分认定难，社会认可程度尚待提高

微课和慕课都是常规教学的辅助手段，目的是帮助学习者理解和巩固知识，将微课做成系统性的课程，形成完整的教学体系，在某种程度上，也是一种慕课。微课和慕课之间区别主要在于：知识内容方面，微课以阐述某一知识点为目标，视频短小精悍，知识点零碎，慕课在知识内容上较系统、完整，每门课程的内容都是衔接的；课程的时间和完整性方面，微课的学习通过长是单个知识点的讲解，而慕课是一系列完整的课程，学习者在学习过程中不仅有学习活动，还有师生、生生间的交流和课后作业，以学生为中心；学习评价方面，微课缺少学习效果评价的途径与方法，而慕课可以通过作业、考试对学习效果进行评估，通过考试后可颁发学习证书。

二、慕课教学架构

慕课教学架构包含线上线下两部分，其中线上部分有教师授课和学生构建。线上的教师授课内容要系统设计学习的知识、技能、思想和行为，通过课件、视频、讲义、测试和作业等多种学习资源去引导学生自主学习，构建对知识的认知。学生通过一系列学习后，可以通过社区活动、相互讨论等环节加深理解。授课教师及团队需要根据学科特色、学生认知特点精心设计教学内容，使慕课环境下的教学具有多元化、综合化和开放化特点，能够满足多层次学生要求，见图 4-8。在慕课教学过程中强调以学生为主体、教师为主导理念，学生是自主学习主体，教师是学生的学习伙伴、服务者、协调者。平台的讨论小组、区域，主要是促进学习个体在教师指导下互相促进、帮助，并努力获取新知识，体现合作学习。

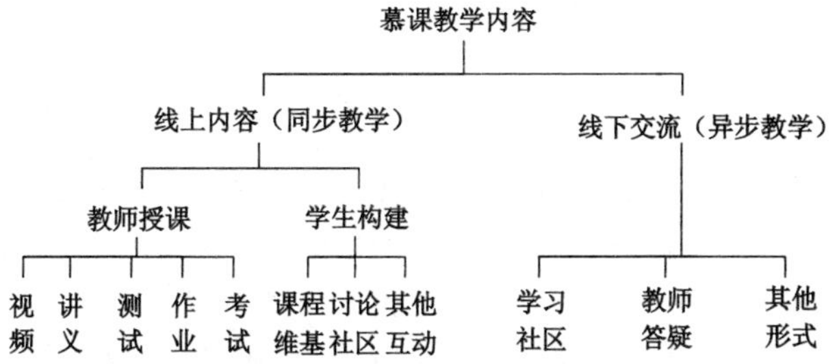

图 4-8　慕课教学内容架构

慕课教学架构是开放性、全员化的。这种架构不仅有利于各种层次的学生自主规划学习，同时也可以帮助教师进行深度学习。教师通过慕课学习并借鉴名师的教学理念和经验，探索教学规律并改进其教学行为；还可以学习专业的前沿方法和技术，拓宽专业视野，提高科研能力；还可以借助慕课展现成果，同其他教师交流并有效组织，展现碎片化知识。

三、教学流程

慕课教学过程及问题交流多元开放，为基础各异的学生提供了基于知识群多线程的学习模式，其教学流程见图 4-9。教学活动包括教师在线学习并碎片化组织知识、学生自主预习、教师主导关键问题研讨与创新性实践。教师主要通过课件、讲解、互动等形式进行内容解析，布置任务，引导学生学习和讨论等；而学生需要针对问题通过在线学习、互动和训练等环节将知识内化；师生之间要完成相互学习、学习评价与激励等内容。

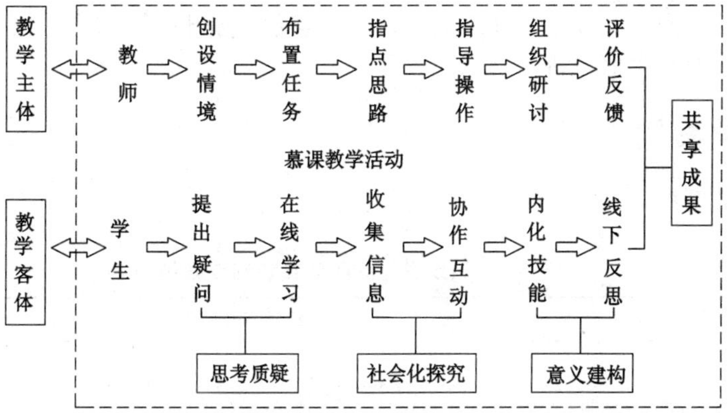

图 4-9　慕课教学流程

参与注册慕课学习的学生，需要自主预习并完成基于视频的在线讨论与测验、阅读资料。教师上课随机提问检验预习情况并纳入平时成绩，用多种教学方法调动学生主观能动性，引导其阐述预习中所遇问题。定期的主导学生进行师生、生生研讨（提问并倾听、引导、必要时参与讨论，得出解决问题方法）并及时反馈以启发学生思维。最后进行基于慕课平台的教学评价、自主查缺补漏或收费的专门线下考试以获取证书。

慕课教学过程中强调以学生为中心，教师重引导，重交流，提倡灵活的理解知识，体现人本主义的思想与内涵；学习过程既有知识的重复和传递，又提供知识的创新和生成，需要学生将头脑中零星知识形成智慧，达到知识共享。

四、教学评价

教学评价按其在教学活动中的作用可分为定位性评价（教学活动前判定学生准备情况，所需知识技能掌握状况、学生兴趣、习惯等，以选择教学模式）、形成性评价（在教学过程中反馈学习成败信息，强化成功处、显示需改进处）、诊断性评价（复诊学生学习错误，调查屡次犯错深层原因）和总结性评价（判断达到教学目标程度，得出教学目标适当性与教学策略有效性），四者在教学过程中的关系见图 4-10。按评价主体分为个体自我评价、小组互评、教师评价。

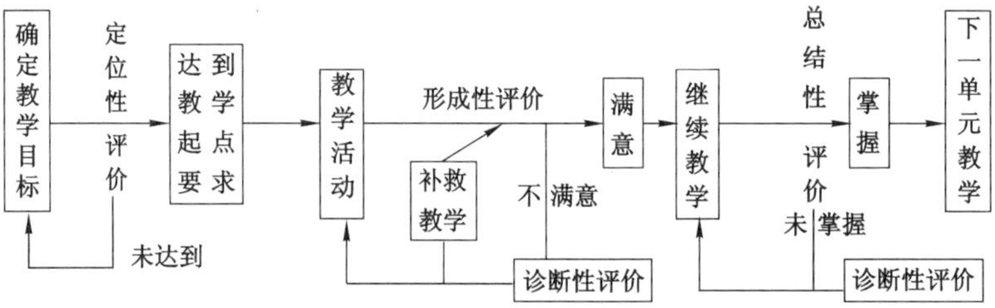

图 4-10　不同评价方式在教学过程中的关系

慕课教学模式采用符合网络学习评价特征的多元学习评价方式（形成性评价为主、总结性评价为辅）全面评价学生。评价内容包括预习检验、课后测试（客观题为主，主观题为辅）、平时作业（主观题为主，采用同伴互评与教师评阅结合方式）和期末考试等。评价方式由教师评价、校友评价、同伴互评及自评组成。评价形式包括基于平台的内嵌测试、随机提问，基于学习过程大数据的机器评价。

五、教学案例

具体教学案例见表 4-5。

表 4-5　组织学与胚胎学慕课制作案例

课程名称	组织学与胚胎学
一、规划设计	
明确课程内容和学时分配；选择制作公司；确定拍摄形式：抠像、实拍、录屏等	
二、前期准备	
（一）内容梳理提炼知识点清单	

表 4-5(续)

周	章名	小节	内容	时长分钟
1	绪论(入门宝典)		概念与相关学科的关系及意义 (组织学与胚胎学要学好关系需理清)	11 分 31 秒
1	上皮组织(为啥一针不见血)	1	被覆上皮(面子学 1)	9 分 04 秒
		2	腺上皮(面子学 2)	4 分 12 秒
		3	特化结构(面子成员面面观)	9 分 39 秒
2	固有结缔组织 (扎根串联)	1	结缔组织概述(鹊桥)	3 分 20 秒
		2	细胞(众志成城)	6 分 37 秒
		3	纤维和基质(钢筋和混凝土)	9 分 20 秒
3	血液 (血浓于水)	1	红细胞和血小板(滚滚红尘)	8 分 38 秒
		2	白细胞(白衣卫士)	6 分 51 秒
4	软骨和骨 (真假骨歌)	1	软骨(啥骨不是骨)	10 分 26 秒
		2	骨组织(画虎画皮难画骨之骨组织)	10 分 17 秒
		3	长骨(画虎画皮难画骨之长骨)	6 分 08 秒
		4	骨发生(脱胎换骨)	7 分 55 秒

(二) 材料收集制作 PPT

材料收集

内容:图片、动画、视频等文字要点。

要求:内容不要过多,图文搭配合理,留出字幕位置。

PPT 板式

规格:16∶9。

要求:突出内容;为教学服务;过多、过于花哨的素材会分散学生的注意力。

结构清晰:文字归纳出要点;多次重复标题;项目符号和编号统一;尽量与教材保持一致。

常规要求:单张不超过 3 种颜色;文字一般不超过 6 行。

尽量用图表;字体统一

(三) 制作脚本

三、课程录制

要求:PPT 准确,内容熟练,后期空间小;PPT 中图片和布局等交给后期,后期空间大。

注意要求:眼睛看屏幕范围—忌眼神漂移;声情并茂、抑扬顿挫—忌照读;

自问自答—有互动;不过多重复—可回看;

有肢体语言—忌大的晃动;保持自然、亲切、有激情。

服装:颜色不能与背景颜色一致,背景的幕布:蓝色、绿色和白色;

不能有细条纹,面料中不能有闪光的材料;最好能用隐形眼镜

四、后期制作

(一) 整理素材

摄像提交素材;项目负责人备份并分类素材

(二) 剪辑制作

编辑流程:导入素材声话对位→镜头剪辑视频初审→特效及包装→字幕机校正→流媒体转码

表 4-5(续)

(三)视频审核
自审:编辑人员制作完成自审或同事互审。 项目负责人审核:项目组长进行复查,通过以后在提交给学校老师。 老师审核:老师审核完成提出意见进行反馈。 修改提交:编辑人员进行修改,最终提交
五、课程上线
(一)门户建设及美化
课程宣传片;课程章节;课程介绍
(二)视频上传
平台上传:根据学校学期安排将课程上传平台,对老师进行平台操作培训,方便师生线上线下的时时交流,在校内课程开始运行
(三)相关材料上传
试题上传:试题是为了丰富课程,也是检验学生对本知识点理解程度
文档上传:主要是 Word 和 PPT 等本知识点相关辅助教材上传
知识推送:与讲授内容涉及的相关知识进行推送

第三节　翻转课堂

我国传统的教学方式强调“以知识为本位”,而教学模式则由任课教师在课堂上向学生讲授完所有理论知识之后再进入实习阶段。这种教学模式容易使学生在课堂授课阶段缺乏对研究对象的感性认识,对抽象、难以理解的理论知识失去学习兴趣;待到实习阶段有机会对研究对象进行感性认识时,又对理论知识大量忘记,这种学、做分离的教学模式很难让学生在正确的理论指导下形成系统的综合技能,很难在学习过程中调动学生的主动性、参与性和协作性,进而影响学生专业技能的提高。

一、概述

翻转课堂即翻转学习,是一种教学方法,把直接教学从集体学习空间转移到个人学习空间,从而把集体空间变成一种动态的、交互的学习环境,老师在学生运用概念和创造性参与科目学习过程中给予指导。让学生按照自己的学习进度在课下听课,然后在课堂上与老师和同学们一起解决问题。

与传统课堂相比,这种新型的教学模式实现了教学环节的颠覆,知识传授环节在课堂外完成,学生在上课前完成对课程内容的自主学习;而知识内化环节是在课堂内进行学生的作业答疑、小组的协作探究以及师生之间的深入交流,由老师的帮助与同学的协同完成;教学角色的颠覆,教师从讲台上的“演员”转变为教学活动中的“导演”,学生则由原来讲台下的“观众”转变为教学活动中的“演员”。教师在安排好教学整体进度的情况下,让学生根据自己的实际情况安排课程进度。教学形式的翻转激发了学生的主动性和积极性,翻转课堂适应了不同能力和兴趣学生的个性化学习需求,可以真正实现以学生为中心的自主化、个性化学习，让学生在教学过程中有更多的自由；教学资源的颠覆，其教学资源主要是简短的教学视频——微课。教学视频通常是为特定的知识点制作，长度为10分钟左右。通过媒体播放器播放、暂停、回放教学视频，可以方便学生在自主学习过程中记录学习笔记和反思学习内容。在课堂外观看教学视频不仅使学习变得轻松，还便于一段时间后复习和巩固学习内容，遇到问题时，学生可以使用互联网与教师或同学实时交流互动来寻求帮助；教学环境的颠覆，从课堂内走向了课堂外，将课堂内与课堂外通过网络空间整合成了功能齐全的教学环境——学习管理系统。学习管理系统可以帮助教师有效地组织和介绍教学资源、动态记录学生学习进程，及时了解学生学习现状。学习管理系统可以引导教师做出更多有针对性的教学资源，将课堂互动转变到网络空间中交流，有助于建立学习社区，协作完成学习任务。

翻转课堂具有教学视频短小精悍、教学信息清晰明确、重新建构学习流程、复习检测方便快捷等优势，但同时也存在微视频等教学资源制作的相对专业性、学生自主学习时间受到限制等局限性。

二、教学总体设计

传统教学模式以教师课堂讲授理论知识为主，教师可以为每节课确立一个主题，然后围绕这个主题来准备教学内容；课堂上主要是教师讲学生听的方式，教师完全掌控教学节奏和教学内容，但这种教学方式没有考虑学生的个体需求，很难激起学生的学习兴趣，而且很容易使教学内容脱离实际。

翻转课堂的教学流程主要分为课前、课中、课后三个阶段，具体流程见图4-11。在翻转课堂的教学中，课前学生通过教学课件了解需要掌握的理论知识。课堂上的时间分配和对教学内容的讨论深度不能完全由教师掌控，既可以安排学生亲自动手完成项目任务，也可以设计教师和学生间的互动环节，由教师应对学生提出的各种问题，或者学生之间相互讨论。课后由学生完成指定作业，进行交流和汇总各类成果。各部分内容细节可参照表4-6。

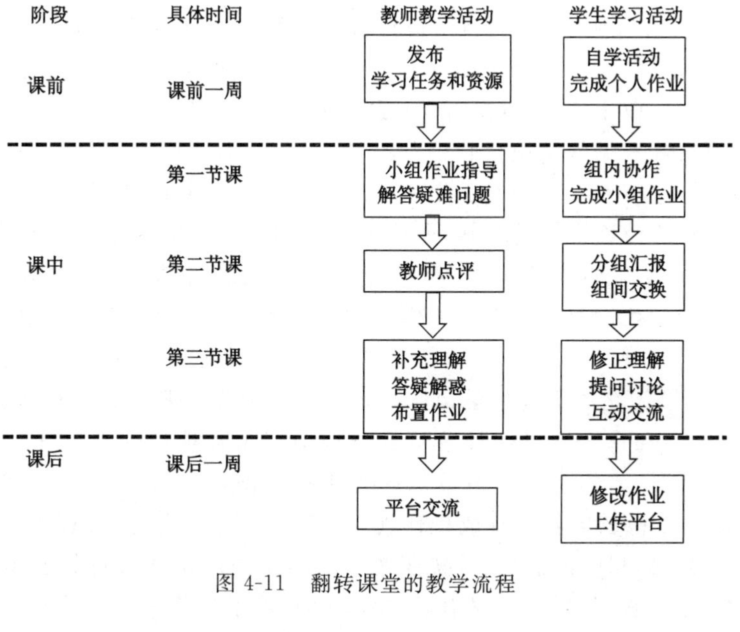

图4-11 翻转课堂的教学流程

表 4-6　翻转课堂总体教学设计

教学环节/环境			翻转课堂
课前	预习	作用	掌握学习内容中的基本知识和能力,完成学习要求
		方式	阅读教材及其他材料,观看视频
		反馈	通过学习检测即时了解学生学习的结果
	练习	作用	通过配套习题或测试,帮助教师在课前掌握学生学习的情况,调整课堂的教学活动,并更有针对性地实施教学
		方式	提交作业,学生交流情况和信息的反馈
		反馈	即时反馈,即时统计结果
课中	讲解	目的	解决学生课前学习所产生的困惑,引导学生总结和提升所学内容
		内容	学生预习后出现的问题和产生的困惑,对所学内容的深层理解
		方式	答疑、研讨、讲授并用
课后	作业	目的	引导学生对所学内容进行反思、总结和提升
		形式	课后习题、研讨等
		指导	教师通过网络提供在线指导
平台			需要网络教学平台,用于发布学习指导、学习资源、教学视频、在线测试及测试结果的即时统计和反馈

三、教师实施内容

(一) 教学准备阶段

(1) 明确教学目标,加工教学素材,设计教学情境。在课程开始前,任课教师首先要明确教学目标,制定教学大纲,确定知识点。对于项目式教学来说,教师需要根据自己对知识点的理解和对企业生产过程的了解将已有的教学素材进行再加工,根据教学内容适当地选定教学项目并根据教学项目收集资料,还要在教学项目实施前根据项目内容选择合适的教学场景。这就要求教师对教学内容所涉及的所有基础知识以及整个生产过程、工作环境都有比较广泛而深入的了解,所设计的教学项目要体现知识点与生产过程的针对性,教学环境要尽力贴近企业生产、管理、服务一线的真实情景。通过以工作任务为依托的项目式教学使学生置身于真实的或模拟的工作世界中,学会根据自身经验得出解决问题的基本方法。

(2) 借助网络资源精心设计教学课件。教师将教学项目涉及的所有知识点都详尽地包含在教学课件中,在每个项目课件首页有条理地列出本项目的学习任务和学习内容,通过计算机辅助工具,将需要简单讲解的内容制作成演示文稿,抽象而难以理解的内容制作成动画,需要示范的内容录制成操作视频,综合利用文稿演示、动画展示、现场视频等手段将教学内容形象地表现出来并按照教学顺序制作成课件后将其上传到网络,使需要学习的知识点变得直观、生动而又有趣,极大地改善了教学效果。另外,由于翻转课堂是通过教学课件完成知识的传授过程,随着网络的普及,教师还可以利用网络上的各种资源来充实教学课件，包括许多名校提供的网络公开课，以及许多实际工作场景的现场视频，这种网络资源的共享提高了资源利用率，节省了人力、物力。当然，为保证教学课件能够符合教学内和学生的接受进度，教师需要对那些现成的网络资料进行编辑，在适当的位置加入适当的讲解，使教学内容变得容易理解，同时为吸引学生的注意力或使教学课件中的工作现场视频更加清晰，教师也需要运用多种后期制作方法使视频的效果达到最好，还要考虑视频的时间长短等方面的问题。总之，教学课件内容要与教学目标和课堂训练内容相吻合，要能够清晰、简明地解释新知识点、主题要点。知识点的解释可以按照先浅后深的原则，具有逻辑性、层次性、递进性，同时还要注意课件中的讲授节奏。我们的目的是要实现课前预习效果的最大化。

（二）课堂二教学阶段

（1）布置任务点，学生先导学习，产生疑问。学生在课前通过观看教学课件已经大体理解了教学项目中涉及的知识点，了解了工作环境和工作过程，并且记录下了自学过程中遇到的难题，之后进入到课堂学习阶段。可以说学生是带着对知识点基本理解的自信、对操作实践过程的好奇和对某些疑难问题的困惑来到课堂的。课堂教学阶段的主要任务是让学生运用课前所学知识亲自参与项目实践，通过感受工作实际过程及与老师同学共同讨论来解决疑难问题并实现知识内化，课堂上的时间主要分配给学生进行实践训练。选取的具体实践项目要以教学任务为依据，既要包含基本的教学知识点，又要充分调动学生解决实际问题的积极性。

（2）布置实践项目，协作互助，解决疑问。为实现这个目标，课前制定了实践训练任务，为学生选择了合适的实践训练环境并配备了相应的实践训练设施。课堂上要按照班级的人数和项目的大小将学生分成若干组，让每个项目组按照项目任务和完成时间制定工作计划、确定工作步骤和流程，所有成员都要在项目计划中承担一定工作任务。在项目组很多的情况下，配适量助教辅助任课教师进行教学，每个助教可以负责几个项目组的工作。助教的主要任务是随时了解所负责项目组的项目进展情况，确保各项目组的学生在规定的时间内安全地完成项目任务。助教要及时向任课教师汇报学生在项目进行过程中遇到的问题，任课教师可以对学生遇到的问题进行分类，对于学生能力范围之内的问题要鼓励学生通过协作探究的方式来解决，以培养学生的动手能力、合作精神、探索精神；对于很难解决的问题可以由任课教师或助教直接参与学生研讨，引导学生解决问题。要学生养成遇到问题先自行研讨协商，然后针对偏难问题再由教师指导的习惯，这种学习方式很难保证课堂教学节奏完全按照教师的预想去进行，因此，教师在课前需要熟悉项目的整个过程并预估可能出现的问题，充分做好课前准备，以应对各种可能的情况。项目完成后任课教师和助教要参与引导项目组间的互评和成果交流，对学生遇到的各种问题进行反馈与总结，使学生清楚自己的学习情况并对知识进行进一步思考以完成知识的巩固过程。教师也可以通过对教学成果的评价及时调整课堂活动的设计来促进学生的学习。

（三）课后阶段

教师归纳知识点脉络，总结问题。在课堂教学阶段结束后，教师要对每个教学项目中学生容易出现的问题进行归纳总结，针对问题查阅相关资料并对其进行详细研究整理，然后将相关内容充实到教学课件，使教学课件包含的内容更加广泛而深入。

（四）学生学习过程

（1）课前准备阶段。融入了翻转课堂的教学需要学生课前积极主动地投入到对新知识的学习中。由于教师制作的教学课件覆盖了教学项目所涉及的所有知识点，学生在学习前可以先对项目课件中列出的学习任务和学习内容进行分析整理，根据自己的基础和兴趣选择性地观看课件内容。如果在观看课件的过程中，听到了没有接触过的概念或者无法理解的理论内容，可以先将教学课件暂停，利用网络资源理解相关概念和理论后再观看教学课件，教师在教学课件中会向学生讲述教学内容并指出学习重点。如果学生通过查找资料和观看课件还存在无法理解的问题，可以将问题记录下来后在课堂上与老师同学讨论。这种方式有利于学生按照自己对基础知识的掌握情况和对教学项目的接受情况来选择观看教学课件的内容和速度，从而提高学习效率，课前准备阶段是整个翻转课堂教学发生的基石，决定了后续学习能否顺利进行。

（2）理解应用阶段。在课前准备阶段学生通过个性化学习方式掌握了教学项目包含的概念性知识，并对涉及的工作过程有了一定了解，然后进入课堂上对知识的理解应用阶段。教学方式中每个教学项目都包含一定的工作任务，一个项目组可以由几个学生成员构成。项目开始前需要对每个项目组成员进行任务分工，项目开始后学生需要凭借课前对知识点的理解和教材中对项目的描述亲自动手完成各自的任务，在完成任务的过程中要随时记录自己工作的步骤，每个步骤所包含的知识点、工作过程中所遇到的难题及解决方法。通过亲自参与项目实践来完成对理论知识的认识，将教学课件中复杂操作过程转化成具体工作实践的过程。在项目具体实施过程中，学生完成各自任务时有可能遇到先前无法预想的难题，单靠一个人的力量无法解决，这时就需要将项目组的其他成员聚集在一起，通过共同讨论研究，协商解决遇到的难题，从而保证项目组的工作任务按时完成。这个协作解决难题的过程能够激发学生的探索欲望，提高学生的交流沟通能力，培养学生的合作精神。

（3）知识内化阶段。课前准备阶段学生观看教学课件时对某些问题的理解可能只是停留在表面，并没有完全理解它的内涵。课堂上学生亲自动手参与教学项目的完成过程，可以深入接触工作流程中的每一个环节，学习将理论应用于实践的方法。与同学共同讨论、协商解决工作过程中遇到的难题，学生可以发现许多在课前准备阶段没有注意到的操作过程细节，扩充所学知识的广度和深度。融入了翻转课堂的项目式教学还为学生提供了讨论与交流的平台，项目任务完成后教师要组织学生进行项目互评，每个项目组派出一个代表向其他项目组同学及老师汇报项目的整个工作过程、遇到的难题及解决方法，交流学习体验，展示项目成果。项目的互评要从小组成员对知识和技能的掌握程度、探索精神，成员在小组中的学习表现、小组成员间的合作表现等方面来考察。通过这种方式实现了小组间的实践成果交流，同时也完成了知识的内化过程。

（4）知识巩固阶段。课堂上完成了对知识的理解与探讨后，在课后还需要对课堂上所学知识进行总结，学会写学习体会，将自己在教学项目中学会的知识以及学习知识的过程进行反思与评价，在总结、反思与评价的过程中完成对知识的巩固。

五、教学案例

具体教学案例见表4-7～表4-9。

表 4-7 《重组修复》翻转课堂教学设计案例(课前)

课程名称	生物化学	专题名称	重组修复
所需课时	3 学时	所属专业及年级	2017 级临床专业

一、学习内容的分析

本专题主要介绍重组修复在医学中的应用,包括重组修复的概念、分类、机制与要点、重组重复在医学上的临床意义。通过本专题的学习可以让学生了解并掌握重组修复是通过什么机制在医学上进行应用的

二、学习目标的分析

(一) 知识与技能
掌握:重组修复的基本方式与机制。
熟悉:重组修复放入概念及修复的过程。
了解:重组修复的意义及应用。
拓展:重组修复相关基因缺陷与肿瘤的关系。
(二) 过程与方法
1. 通过观察,了解重组修复缺陷引起的临床疾病及其表现。
2. 通过对比,了解 DNA 严重损伤和重组跨越时,重组修复的发生机制。
3. 通过互助和交流,运用不同的重组修复机制进行疾病的诊断和治疗。
4. 通过任务驱动的方法,创设任务情境,激发学生的学习兴趣。
5. 通过结合多媒体进行学习,学生可以自主开展学习活动。
(三) 能力培养
1. 临床思维能力:以疾病为主线,以重组修复的发生机制为核心。
2. 科研创新能力:参与 DNA 损伤重组修复基因的分子遗传学研究进展,启迪思考和创新。
3. 逻辑推理能力:建立从修复的概念、过程、机制、要点的思维方式,理清修复与疾病之间的关系,建立从形象到抽象的推理过程

三、学习者特征分析及组织

(一) 学习者特征分析

1. 学习者初始能力分析
学生对 DNA 损伤的因素及表现有一定的了解;
学生对重复的种类及整体过程有一定的了解;
学生对重组修复的概念及机制有十分浓厚的兴趣。
2. 学习者的一般特征
学生是 20 岁左右的青少年,男女比例均衡,思维活跃,课堂上喜欢展现自己,对新事物有浓厚的兴趣。
学生在学习中随意性比较明显,渴望得到老师或同学们的赞许。
学生有一定的交际、动手能力,乐于进行交流活动。
3. 学习者的学习风格
学生喜欢观察、自主探究和动手操作,乐于进行团队合作

(二) 学习者分组情况

由学生自主选择,组成学习共同体。每组 3～4 名同学(多以寝室为单位),组长由组员选举产生

四、学习环境的设计

网络教学平台,学习通移动 App

五、学习资源的设计

表 4-7(续)

资源类型	资源描述
文字、图片	介绍本专题的学习目标、学习内容、学习指导等,其中学习内容是对本专题知识点的凝炼
微视频	微视频以生活实例为切入点,引入重组修复的概念、分类及机制,从而探究其修复在临床上的作用和意义。本轮教学只有一个微视频:让我一起大开脑洞——探究重组修复的秘密
Flash 多媒体课件	此课件主要为学生提供重组修复的具体的步骤,在此课件的指引下引导学生将抽象复杂的过程简单明了
图片素材	微视频显示的案例素材及要求完成的任务中所需的素材

六、课前学习任务的设计

提出任务主线:

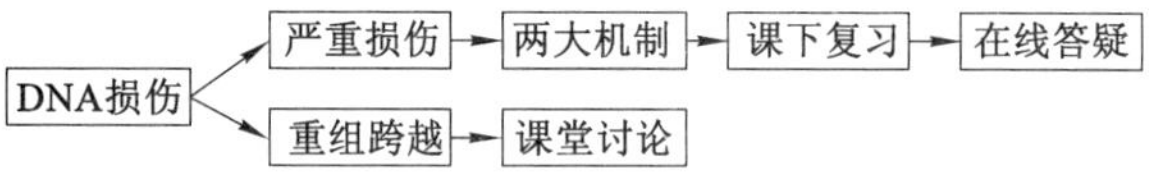

七、课前活动策略/规则的设计

(一) 活动策略的制定

策略类型	策略说明
交互策略	以课前学习任务为中心开展组内集中讨论,充分发挥学习共同体的作用,教师要监控讨论的内容和过程,并在合适的时机,参与学生的讨论;以小组为单位提交作业和相关的反馈信息,提高小组学习氛围,提高学生对小组的认同感和学生的参与度
激励策略	在课前和课中,学生为平台上其他同学提出的疑问给出合理的答案,教师可以根据答案的准确度给予相应的平时加分,激励学生之间互助合作,营造更好的学习氛围

(二) 活动规则的制定

规则类型	规则说明
协作规则	组长负责制,组长统筹监督学习进程,确保每一位组员都能顺利完成作业。全员参与的协商讨论应保证至少有两次,一次用于规划任务解决方案,一次用于组内互助、分享问题解决的经验以及总结凝练疑难问题
分工规则	四人小组的分工可按细则进行:① 组员 A 负责协调小组讨论的时间以及提炼规划设计方案;② 组员 B 负责收集作业;③ 组员 C 负责在小组讨论之后凝练的问题以及希望老师在课堂上重点讲解的内容;④ 组长将小组的作业打包,并将组员 C 凝练的反馈信息发布到网络教学平台上

八、课前学习活动流程的设计

基本流程	教师活动	学生活动	学习环境的支持作用
知识传递	新建学习专题,上传学习内容和资源、发布导学案	学习教师发布的学生内容(包括阅读图文资料、微视频及 PPT)	学习专题模块:作为学习内容和资源的载体,提供学生在课前要 学习的知识及要完成的任务

表 4-7(续)

学习检测	通过网络教学平台的监测，参与群组的讨论互动等方式监督学生的学习情况，在适当的时机对学生的讨论情况进行一定的干预	自主探究与小组协商交替反复进行，确保每位组员都能顺利完成任务	学习专题模块：在学生完成任务的过程中提供参考。 学习论坛模块：为学生和教师提供一个交流和沟通的平台，呈现师生发表的言论
诊断评价	收集并整理学生普遍存在的问题	以小组为单位提交作业及相关的反馈信息	学习论坛模块：展示学生上交的作业和总结反思

九、课前学习效果的诊断

诊断来源	诊断方式说明
作业	通过学生完成作业的情况可对学生课前的学习效果进行评测
学生的交流情况和反馈信息	通过对学生之间的交流情况以及小组的反馈信息的分析，可以了解学生主要遇到的学习困难，从而确定教师在课上要重点讲解的内容，同时，这也是确定课中学习任务的重要依据

表 4-8 《重组修复》翻转课堂教学设计案例(课中)

一、课前诊断结果分析

学生已初步掌握了重组修复的概念、分类与机制，初步了解重组修复在临床上的作用和意义。根据课前学生的学习情况和反馈情况可以发现，发现这一专题集中体现的知识点，作为集中的难点

二、学习环境及资源

(一) 学习环境

网络教学平台、学习通移动 App

(二) 学习资源

资源 1：课中学习任务的重组修复以及相关视频、课件资源。
资源 2：图片素材

三、课中学习任务的设计

课堂讨论：重组修复可以将损伤部位彻底修复吗？其本质是什么？
学生通过课前的预习的知识基础和理解谈个人认识，教师进行简单点评，找出“离奇”想法中合理成分加以分析

四、课中活动策略/规则的设计

(一) 活动策略的制定

策略类型	策略说明
组织策略	以小组为单位安排座位，组内成员互相监督，组长做好带头作用
交互策略	小组协商分解任务，分析规划具体的操作步骤，任务以小组为单位完成
支架策略	在“分析规划”阶段，引导学生思考完成多种不同 DNA 损伤情况下，重组修复的分类及机制，注重细节的观察和理解

(二) 活动规则的制定

表 4-8(续)

规则类型	规则说明
协作规则	在“分析规划”阶段，组长负责整理讨论后的设计思路，并为每位组员进行分工；在“设计制作”阶段，先完成任务的小组成员负责指导其他成员完成任务，进度快的组员负责作品的整合工作
分工规则	组长负责凝练规划方案和为组员分派任务，每位组员承担一个知识点的讲解，进度快的组员负责最后的作品整合
提问规则	课中的提问必须是与此任务密切相关的问题，与任务相关不大的问题可以在课后解决
评价规则	教师给出学生讲解的一般评价标准，并根据学生知识点的理解程度进行点评（可以加入学生的互评）

五、课中学习活动流程的设计

基本流程	教师活动	学生活动	学习环境的支持作用
前情总结	学生讲解并展示课前任务的完成步骤，并在过程中穿插讲解各个小组的问题	观看教师的展示和讲解	学习专题模块：明确学习的主题和内容以及课前任务的学习任务。 题目及作业提交（学习平台）：用于了解对知识的掌握理解水平
布置任务	给出相关的临床病例，通过对其诊断分析展示出任务最终要求实现的效果	明确任务	资源分享模块（学习平台交流讨论区）：提供任务的最终完成效果
分析规划	通过问题引导小组协商讨论，对任务进行分解	思考问题，组内协商讨论，规划完成任务的步骤	无
设计制作	提供任务的评价标准、设定完成任务的时间以及相关要求，在教室中巡视学生的完成情况，并进行相应的指导	活动 1：熟悉任务的要求及评价标准 活动 2：组内协作完成任务，以小组为单位上交作业	资源分享模块（学习平台交流讨论区）：提供有关任务的要求和评价标准的.doc 文件
成果交流	对临床疾病的诊断、机制的探讨进行总结，点评	活动 1：倾听教师的点评并反思自己的不足。 活动 2：小组之间的探讨与互评	平台运行后台监控：用于教师控制整个过程，对学生的作业和讨论进行点评

六、课中学习活动总结和归纳

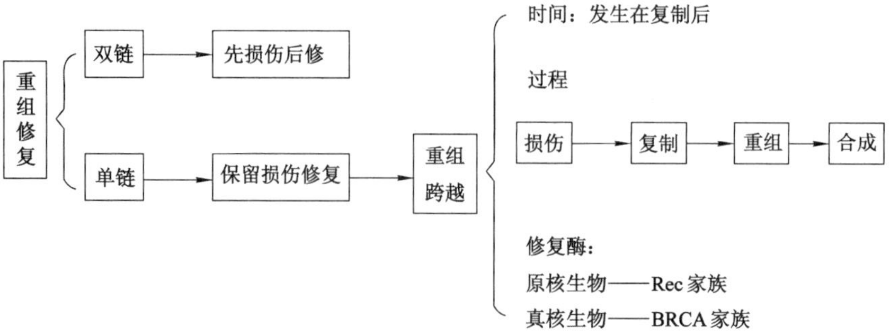

表 4-8(续)

七、课中学习活动评价的设计	
评价方式	评价方式说明
案例分析	教师根据评价标准对案例分析的完成质量进行评价

表 4-9 《重组修复》翻转课堂教学设计案例(课后)

一、课中诊断结果分析			
学生以通过课上小组的展示、组间的讨论、老师重难点的讲解,对专题内容进行了更深入地了解,对前面的任务有了更加客观的分析与评价			
二、学习环境及资源			
(一)学习环境			
网络教学平台、学习通移动 App			
三、课后学习任务的设计			
修改反思: 学生对自己形成的病例分析结果和诊断进行反思,并加以补充和修改			
四、课后学习活动流程的设计			
基本流程	教师活动	学生活动	学习环境的支持作用
课后反馈	梳理知识脉络,理清知识体系,归纳知识重点	进一步查缺补漏,完善教学任务和作业的提交	网络教学平台:进一步观看整理、归纳所有的教学资源和讨论结果和内容,形成最终的作业答案,上传至平台
五、课后学习活动评价的设计			
评价方式	评价方式说明		
作业	教师根据最终作业完成质量进行评价		

第四节 混合式教学

在传统教学模式中,教师是教学活动的主体,是知识的传授者,而学生则是被动接受教师灌输知识。这种教学模式忽视了学生的认知主体作用,不利于培养学生的创新思维和创新能力。20 世纪 90 年代,多媒体技术和网络技术的发展,推动了教育思想和理念的革新,网络化教学模式应运而生,其从根本上改变了传统教学中的师生地位和关系,在培养学习者基本技能、信息素养、创新能力等方面表现出了巨大优势。但网络化教学在实施过程中教学监控难度较大,而且由于过分强调学生的"学",忽视了教师的主导作用,当学生学习的自由度过大时,会导致学习偏离教学目标。

一、概述

混合式教学是指在适当的时间，通过应用适当的媒体技术，提供与学习环境相契合的资源和活动，培养学生的学习能力，从而取得最优化教学效果的教学方式。其涵义理解为：教学形式上，传统面对面教学与网络教学的结合；教学技术上，基于互联网技术，结合视频、音频、文本、图形、动画等多种多媒体技术；教学手段上，传统教学手段与信息技术手段的结合；教学目标上，充分发挥教师的主导作用与学生的主体地位，以达到最佳的教学效果；教学评价上，过程评价、结果评价等多种评价方式的结合。

微课、慕课、翻转课堂、混合式教学之间有着密切的关联，是一种教学思想或教学模式在不同的技术环境下或发展阶段的不同表现形式，它们所适合的教学理念、教学思想、基本技术实现方案彼此关联，相互交织，形成了一个复杂的教学技术新概念图，见图 4-12。

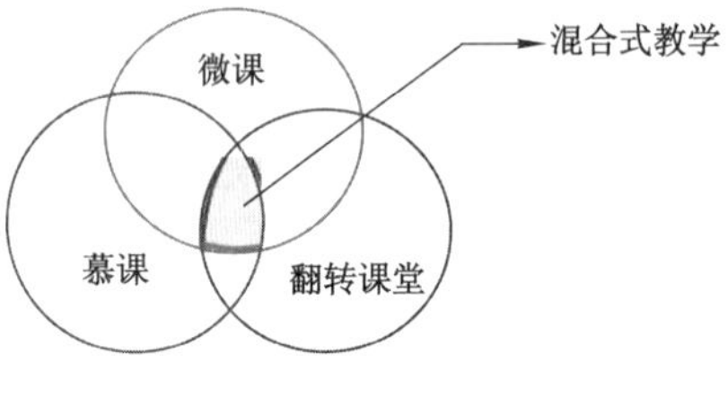

图 4-12　混合式教学技术新概念图

在混合式教学的思想指导下，翻转课堂是网络教学的实施策略和方案，即为教师提供一些切实可行和可操作的网络教学设计思路，使教师在设计教学过程时有章可循，也可以说，翻转课堂是联系混合式教学与微课之间的中介物；微课则是实现翻转课堂的一种重要的设计方案，强调学习资源的碎片化分割，学习路径的交互选择、教学视频的短小精炼和知识点学习的即时反馈。与此同时，微课是慕课的技术实现形式，为慕课提供了更加符合学习者心理需求的技术解决方案，更能吸引学习者学习，更能有效地展示慕课。而慕课则是信息技术在教学中应用的最新形式，其通过新颖的技术方案来使得原来的教学视频更加吸引学生的眼光和兴趣，更容易大范围的传播，从而使网络教学的课件形式、技术解决方案和工具都产生相应的变革。

二、教学设计

（一）框架

混合式教学课程设计大体分为前端分析、活动与资源设计和教学评价三个阶段进行，见图 4-13。

（1）前端分析

在对课程资源和活动等进行具体的设计之前，必须先对课程教学的基本情况进行分析观测，即前端分析，以便确定该课程是否适合开展混合式学习。前端分析阶段包括三个方面的工作：① 学习者特征分析，通过评定学习者的预备知识、学习风格、学习偏好等掌握学习者的相关特征。② 基于知识分类的学习目标分析，即根据教学内容的实际情况确定学习应

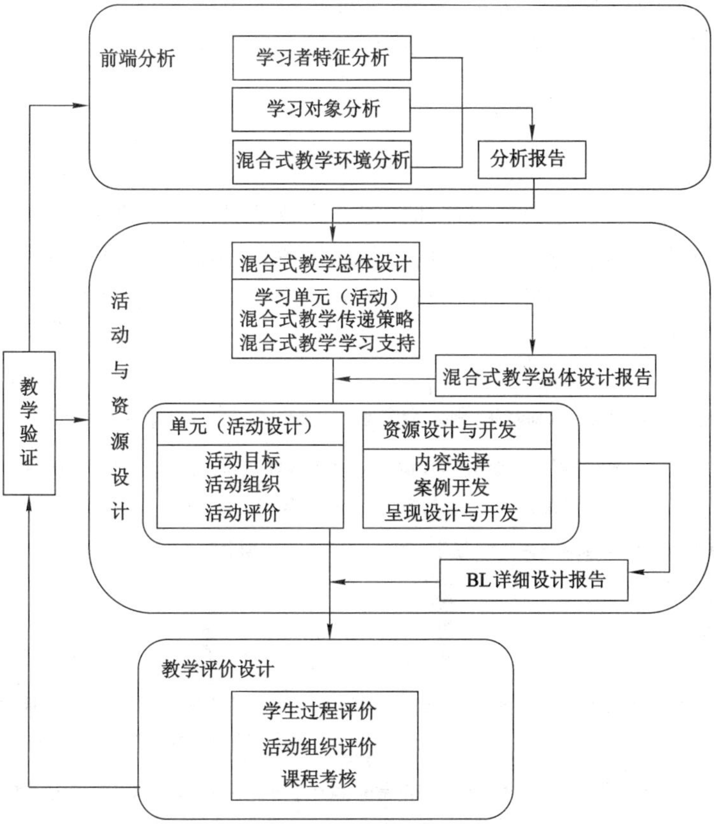

图 4-13 混合式教学课程设计框架

当达到的目标。③ 混合式教学的环境分析，把握课程教学所具备的外部环境条件。前端分析的目的是根据学习者的熟练程度确定学习目标，从而为后续工作提供依据，其结果表现为一份综合上述基本教学情况和教学起点的分析报告。

(2) 活动与资源设计

这个阶段的工作由混合式课程总体设计、单元(活动)设计和资源设计与开发三个环节组成。在总体设计环节，课程设计人员应当在明确课程整体学习目标的基础上，对相应学习活动的顺序做出安排，确定学习过程中信息沟通的策略，并充分考虑为学习过程提供哪些支持。总体设计实际上已经为其他两个环节的设计工作确定了基调，而且总体设计的结果也正是一份详尽的设计报告，将课程设计的主要思路和设想充分地表述出来，使单元(活动)设计环节和资源设计与开发环节可以专心完成具体的技术工作。总体设计报告是混合式学习课程设计的基础文档，其中对课程目标和学习过程的构想同时也为课程评价提供了基本依据。总体设计环节必须不断追问的问题是，究竟哪些活动和资源适合让学生自学，哪些活动和资源适合典型的教室情境。由此不难看出，这个环节是混合式课程的关键。

(3) 教学评价设计

教学评价设计是课程设计的第三个阶段，主要通过学习过程的评价(如使用电子学档)、课程知识的考试(如在线考试)和学习活动的组织情况评定等方式对教学效果进行评价。前面两个阶段所确定的学习活动目标、混合式学习的环境等是进行评价设计的重要依据。

(二)模型

(1)过程模型

活动与资源设计是课程设计最能体现混合式教学课程特点的环节。实质就是将特定课程的教学内容和目标逐步分解为具体的工作和任务,并确定其序列顺序,从而形成可操作的教学方案。混合式教学课程过程模型将过程分为"课程导入""教学活动""复习和测试"三个模块逐步进行,见图4-14。

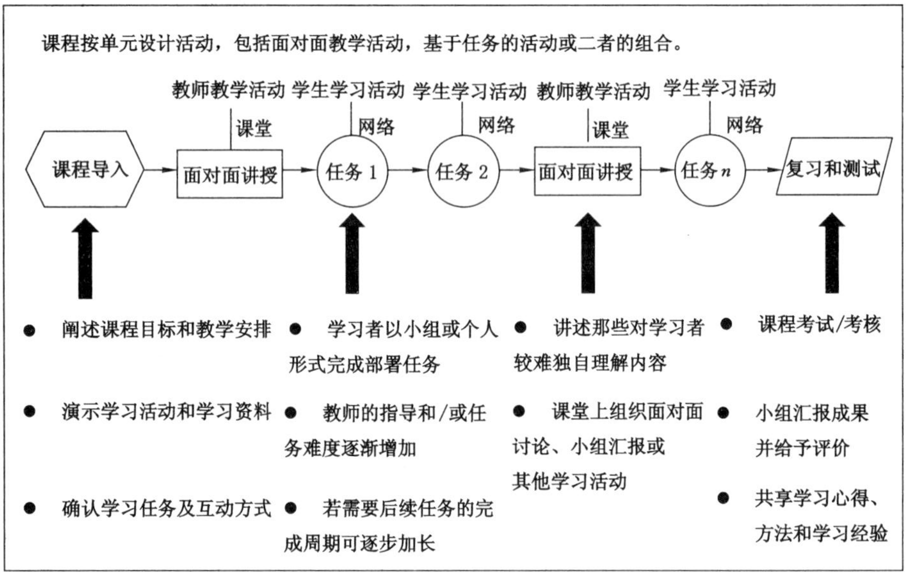

图4-14 混合式教学过程模型

课程导入是第一个模块,相当于热身的过程,目的是使学生初步了解课程教学的基本情况,包括学习内容、将要完成的任务、需要去学习的学习材料、课程的成绩评定方式以及课程学习的信息通道等。教师应该明确说明学习目标和整个的教学过程序列。同时,学习活动的任务和过程以及可以使用的资源应当通过示例进行讲解,以便学生能够正确理解课程活动。"复习和测试"模块是课程学习的总结阶段。对于大部分学习成果,教师可以通过测验、考试或口头报告等形式组织成绩评定。学生则应当针对相应的评定方式做出必要的准备,这种准备显然首先是对课程学习的总结和复习巩固。相对而言,这个阶段如果采用命题考试等规范化的评价方式,并在课程导入阶段告知学生,往往可以对学生积极参与学习活动产生更好的督促作用。综合性论文或课堂汇报则更适合在单元评价中使用,其中后者有利于全体学生共享彼此的学习经历。

"教学活动"是混合式学习的第二个模块,包括教师的教和学生的学等一系列复杂的活动。在这个环节,学生应按照要求,在网络环境下自主完成在线的个体学习或小组学习活动,完成教师布置的任务。而教师则根据实际情况安排必要的课堂教学,以帮助学生解决遇到的问题和困难，确保学习活动的顺利进行，并帮助学生巩固所学知识。此外，教师还可以通过在线交流等其他方式为学生提供指导。总之，在学生完成学习任务的过程中，教师利用教室或网络等各种方式所提供的指导应贯穿始终。这里必须对交互方式做出合理的安排，那些学生通过自主学习难于掌握的内容应安排在教室教学中，面对面的讨论或小组汇报的交互方式在课堂教学活动中常常是非常有效；而自主学习活动中，师生交互则应逐渐减少，任务的难度则应逐渐增加，为学生留出逐步适应的时间。

（2）活动模型

从混合式学习课程过程模型中可以看到，混合式学习课程的整体过程往往包含着多次课堂教学和学生自主完成学习任务的活动。也就是说，一组课堂教学和学生自主学习活动构成了一个单元，混合式学习的教学活动模块是由若干单元组成的，单元可参照混合式学习课程活动模型进行设计和实施，具体见图 4-15。

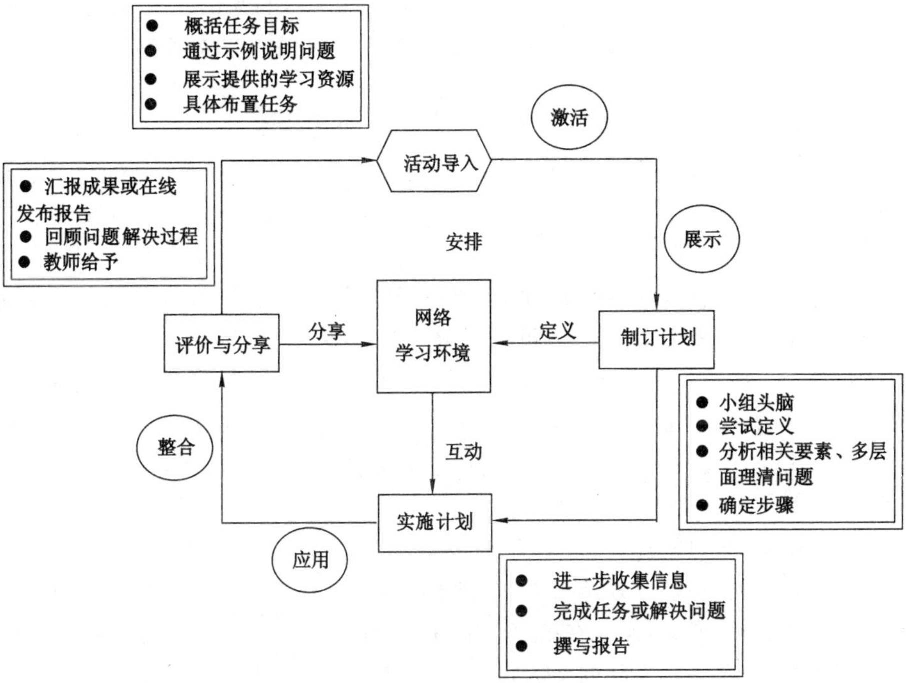

图 4-15 混合式教学活动模型

按照该模式，每个单元应包括“活动导入”“制订计划”“实施计划”“评价与分享”四个环节。而课程设计中的单元设计要解决的问题，则是这四个环节如何在具体的课程中得到落实。

“活动导入”是每一个单元的起始环节，其主要内容是向学生陈述活动的任务目标。为使学生对任务目标形成足够充分的理解，教师通常应当完成四种具体的工作：描述任务目标、通过示例说明任务、展示提供的学习资源和具体布置任务。其中，第一项是为了使学生明确自己应当完成的任务，同时知道自己应当通过完成任务获得哪些学习；第二项工作则是对任务完成的图解式的说明；最后一项是对活动单元中各项具体事项的安排，通常包括是否分组 及分组办法、具体的日程安排等细节。

第二个环节是“制订计划”，重点在于应用，即让学生充分应用自己的已经掌握的知识，对单元任务做出定义。这个步骤主要由学生自主完成，学生可以通过头脑风暴、尝试定义问题等方法，确定单元任务或相关问题所涉及的因素，并就解决问题、完成任务的实施步骤形成详细的计划。如果要求学生以小组形式完成单元任务，则应当要求小组成员各自独立完成问题解决方案，而后综合出可行的实施计划。相对而言，真实教室里的现场氛围更有利于这个环节和第一个环节达到理想的效果。

第三个环节“实施计划”，是学生或小组按照计划逐步完成任务的环节。在这个环节，由于学生往往有着各不相同的时间安排和学习习惯，不便经常集合在一起，所以学生大多独立完成自己承担的具体工作。这样的情况下，无论是为了确保小组内部的协调，还是为了向学生提供来自同伴或教师的必要支持，都特别需要通过虚拟学习环境建立充分的交流沟通，这是这个环节和其他环节的一个明显的差别。学生在这个环节要完成的工作主要是进一步收集信息，完成任务或解决问题，并撰写报告。通过对以往学习的知识的应用而进行知识的建构，是这个环节的核心。也就是说，对混合式学习而言，理想的“完成任务”应当是充分应用了以往知识。

在第四个环节，学生通过“评价与分享”而补充、巩固和升华单元学习的收获。在这个环节中，学生和教师、同伴共享工作成果，从而获得自己原来并未掌握的知识，同时在报告学习成果、接受评价并参与讨论等过程中进行知识的再一次建构，使知识得到巩固和升华。这个环节包括学生的三种不同操作：其中汇报成果或在线发布报告 以外显的形式表现出来，学生以合理的组织形式和表达形式向老师和同学报告自己的工作过程和学习收获，是一次重要的知识整合。回顾问题解决过程则可能是一种自我反省的过程，在汇报和听取同学汇报的过程中，学生会对比自己和其他同学的成果，反思其成败。教师给予反馈的时候，学生也同样在比较和反思当中，但来自教师的反馈代表了学习的预期标准，对学生发现自己学习过程中存在的问题有着重要的指导作用，所以教师反馈的评价意见则是一种有效的激励。

不难看出，虚拟学习环境处于这个模式的中心位置，“活动导入”等四个环节围绕这个中心构成一个环形序列。在混合式学习中，虚拟学习环境不仅支持着师生在第一、第二和第四个环节进行必要的信息发布，而且在第三环节，通过师生和虚拟学习环境的双向信息传递而实现了教师和学生以及学生之间的交流，因而是最重要的学习支持系统。

三、教学流程

混合式教学采用线上线下的混合式教学模式，充分体现“以人为本”的精神，将自主合作学习和探究学习运用于信息化课堂的教学，发挥学习的主动性和积极性，充分发挥教师的引领作用，激活学生的思维能力，培养学生的探究能力，其教学流程如图 4-16 所示。

首先，教师在线上提出问题，创设情境，引导学生自主学习；同学对问题进行思考解答，并进行头脑中对知识体系的再加工和建构，形成自己的知识体系；其次，通过习题练习进行测试，对多学的知识的理解和掌握进行检验，巩固头脑中对知识的记忆能力；接下来布置作业，让知识在一定的基础上拓展应用，将理论与实践相结合，使知识点形成闭合式环状统一；最后是作业互评和学习反思。通过线上内容和教学活动的设计，学习者对于大部分的知识体系进行了建构，对内容理解、掌握和巩固。但对丁难点要结合线下教学，通过小组讨论、班

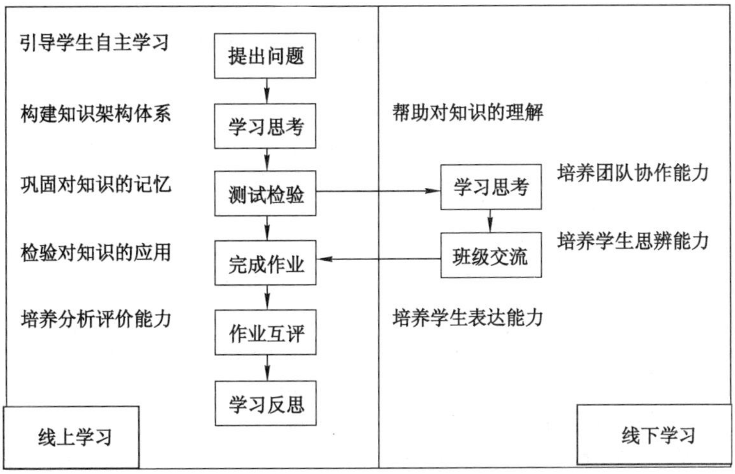

图 4-16　教学流程

级交流等多种形式进行探究式学习，培养学习者团队协作能力和创新思辨能力，并鼓励学生对知识的理解进行有效的表达，使复杂的知识简单化，抽象的知识形象化，散在的知识具体化，更好地掌握知识的难点和要点。

四、教学案例

具体教学案例见表 4-10。

表 4-10　生物化学教学案例展示

课程名称	生物化学	专题名称	生物氧化
所需课时	4 学时	所属专业及年级	2017 级临床专业
一、教学课程内容的分析			
内容难：机理复杂、内容抽象，学生感觉枯燥无味；体系散：物质多样，反应相互交叉、错综复杂，知识点多而散；知识新：现代技术和方法迅速向学科渗透，体现了前沿性和广泛性			
二、教学目标的分析			
（一）知识点 掌握：氧化呼吸链的组成及电子传递的顺序，P/O 比值，NADH 穿梭机制。 熟悉：化学渗透假说及其要点。 了解：氧化磷酸化的影响因素。 拓展：生物氧化与日常生活与临床疾病的相关关系。 （二）能力培养 1. 临床思维能力：以疾病为主线，以生物氧化呼吸链的传递为核心。 2. 科研创新能力：影响并抑制氧化磷酸化因素及其研究进展，启迪思考和创新。 3. 逻辑推理能力：建立从生物氧化的概念、电子传递的过程、ATP 的生成方式、影响氧化磷酸化的因素，理清生物氧化与疾病之间的关系，建立从形象到抽象的推理过程			

表 4-10(续)

三、课程的教学方法

(一) 教学过程

问题导入——启发思考——理论分析——联系实际
均采用问题导入和过渡,启发学生推导和归纳知识、讲解后联系临床实际,并加以深入、理解并拓展

(二) 教学策略

线上——自主学习、测试、讨论	线下——深度学习、师生研讨
上传资料: 教学设计:理清章节知识脉络、进行知识点的设计与讲解。 PPT:最主要的教学手段,通过大量图片加深学生感官认识,形象生动地理解基本概念、更加深入掌握基本理论和知识要点。 视频动画:诊针对每一知识点所展示的内容、过程和机制。 拓展资料:紧密联系前沿进展和日常生活,将理论联系实际。 案例讨论:上传病例资料设置问题,引发思考和讨论	教学手段:PPT 与板书相结合。 媒体应用:教具的使用。 课堂组织: 课堂练习:调动学生参与知识点的总结和归纳,加深对概念和内容的理解。 问题驱动:在授课过程中穿插提问、设问等形式,引导学生建立独立思考的能力并复习巩固知识点。 课堂讨论:通过对不同临床案例和生活现象实例的讨论和分析,培养学生发散性的科研创新思维

四、课程环境的设计

网络教学平台,学习通移动 App

五、课程的教学设计

创新点	教学目的
线上线下互助	以碰撞、分享促进知识的吸收、内化、拓展、能力的提升和知识的融会贯通
案例激发兴趣	用视频、动画、图片展示案例,引导学生将所学基础知识和临床疾病相连
互动增强体验	通过互动增强学生对知识的理解,加深知识的掌握
知识总结归纳	鼓励学生提炼内容,进行阶段性的总结和归纳,便于知识点的记忆
启发科研思维	通过临床案例及生活实例,启发学生氧化呼吸链的抑制因素与疾病的相关关系,培养学生的科研思维能力
培养人文情怀	通过经典故事的引入,科学事件的提出,伦理道德的展现,培养学生作为医务工作者的人文情怀

六、教学活动策略/规则的设计

(一) 课前准备——线上设计

学习目标:
以问题导向为主,引导学生构建知识体系
通过视频,帮助学生对知识的吸收。
通过测试,帮助学生对知识的记忆。
通过讨论,帮助学生对知识的理解。
通过作业,检验学生对知识的应用。
通过互评,培养学生分析、评价的能力。
资料上传:
教学设计——生物氧化章节的知识点梳理和教学策略的安排。
视频与动画——电子呼吸链、化学渗透假说、ATP 合酶、NADH 穿梭机制。
PPT——生物氧化

表 4-13(续)

(二) 课堂教学——线上线下混合设计

暖场

启发驱动——导入课程(生活实例、背景故事、案例应用)。
例:提问:高铁、手机、空调——让世界看中国造,他们都有着一个共同的特点是什么。
就是电,人体也需要电,发电机就是线粒体,而电是 ATP,如何产生,这就是我们今天要讲到的章节——生物氧化

引出学习目标

掌握(What):氧化呼吸链的组成及电子传递的顺序,P/O 比值,NADH 穿梭机制。
熟悉(Why):化学渗透假说及其要点。
了解(How):氧化磷酸化的影响因素

前测

测试题目	手段	流程
试述体内氧化和体外氧化的异同	学习通—活动—测试	测试—回答—讨论—互动

参与学习

教学活动	教学形式	教学目的
签到	学习通移动教学	加强纪律约束,强化学习任务,加强课堂把控
抢答、选人	学习通移动教学	鼓励与激励相结合——由学知识到促成长
游戏	师生互动	通过击鼓传花游戏说明在电子传递过程中作用及形式
问题驱动	师生互动	通过启发与讲授相结合,由指导学习到引导学习
案例讨论	生生互动	通过互动讨论相结合,由封闭课堂到开放课堂
总结归纳	教师讲授	通过总结和归纳相结合,使知识由孤立到整体

(三) 课后管理——线上设计

习题推送:
每日习题。
考研真题。
课后作业。
讨论区布置内容:
建立群组。
师生一对一。
班级讨论交流。
布置小组任务:
组间合作

(四) 考核——形成性评价

七 二 一模式:
70%试卷成绩:考查基础理论和实践技能。
20%作业成绩:线下作业,线上各种类型的相关活动及讨论。
10%平时成绩:签到,课上的活跃度,线上各种活动的参与度

附录　生物化学课程学习应用案例

一、课程分析

“生物化学”是临床、护理、预防等医学类各专业和与生命学科相关专业最重要的公共基础课，是硕士研究生考试的重要课程之一，是卫生部组织的临床医生资格考试及职称考试的重要课程之一。该课程教学内容丰富，信息量大，是生命科学最前沿的学科，充分体现了时代性、前沿性。

二、内容分析

“生物化学”内容体现为“难、散、新”的特点。首先，内容难，表现为复杂性和抽象性。生物化学是在分子水平上研究和探讨生命的本质，其研究范围涉及生命过程的所有环节。而生物分子种类繁多，代谢途径多变，反应机理复杂，内容抽象，学生感觉枯燥无味。其次，体系散，表现为系统性和逻辑性。物质多种多样，每种物质代谢均包括合成与降解。而降解与合成途径有各种方式，任何一种方式又由多个化学反应构成，每个化学反应又由一个特定的酶催化，每种特定的酶又有不同的同工酶形式，每一种同工酶又由不同的形式，互相交叉，错综复杂，知识点多而散。最后，知识新，表现为前沿性和广泛性。生物化学作为生命科学的各个领域，尤其各种现代实验技术和研究方法迅速向各学科渗透，使生命学科的各个领域研究充满活力，研究的深度和广度发生了根本性的改变。

三、学情分析

该课程开设的学期为本科生的第三学期，学生为大学二年级，该阶段的学生思维活跃，但缺乏空间想象能力，不能理解抽象的概念；踏实好学，虽能配合教师完成部分基础课程的学习，但未接触临床疾病与实践，缺乏临床的思维与科研的意识，欠缺灵活运用所学知识的能力，不能很好地理解部分知识和要点。

四、教学设计

每个知识点讲解之前，先要针对教学内容和学生的接受程度，制定知识点讲授的整体教学设计，如图 1 所示。

五、课程教学

在课程页面，点击右上角的选项，选择创建课程(图 2)，将课程邀请码发给学生，让学生填入该课程的学习中。

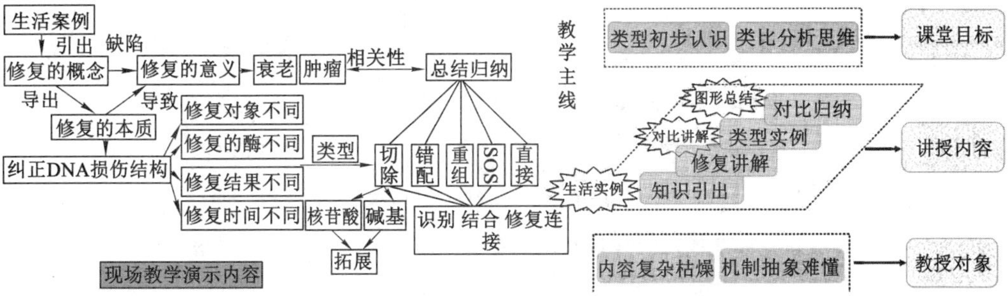

图 1　DNA 损伤的修复教学设计

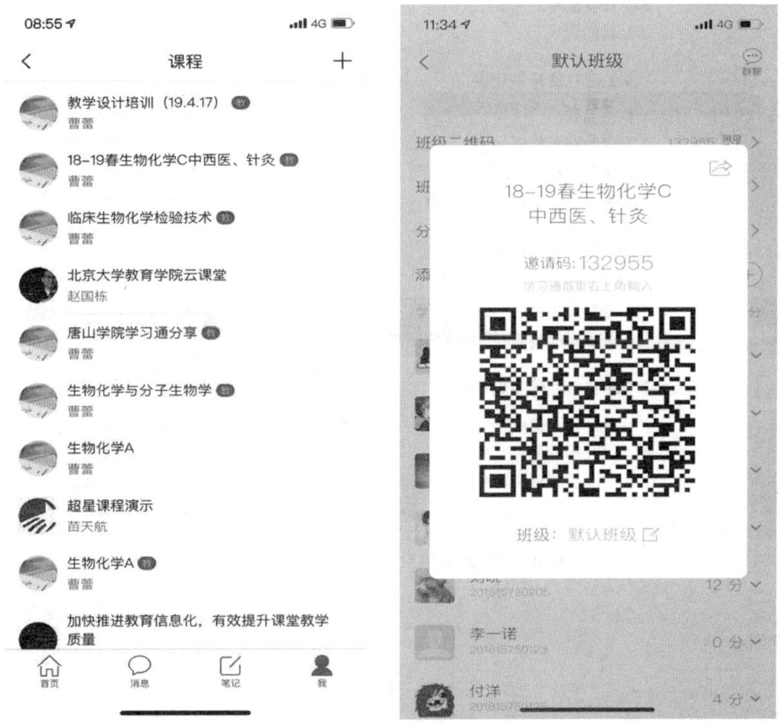

图 2　新建课程及课程二维码

课前准备(线上设计)

一、知识点设计

内容合理,尽量选择授课内容中的重点、难点、疑点和热点作为授课知识点进行设计;内容精炼,尽量逻辑清晰、精炼紧凑、避免不相关内容;联系实际,内容要紧跟潮流、与时俱进(图 3)。

二、资料上传

可按授课章节知识点上传资料,也可以以章节为单位上传教学资料(图 4)。

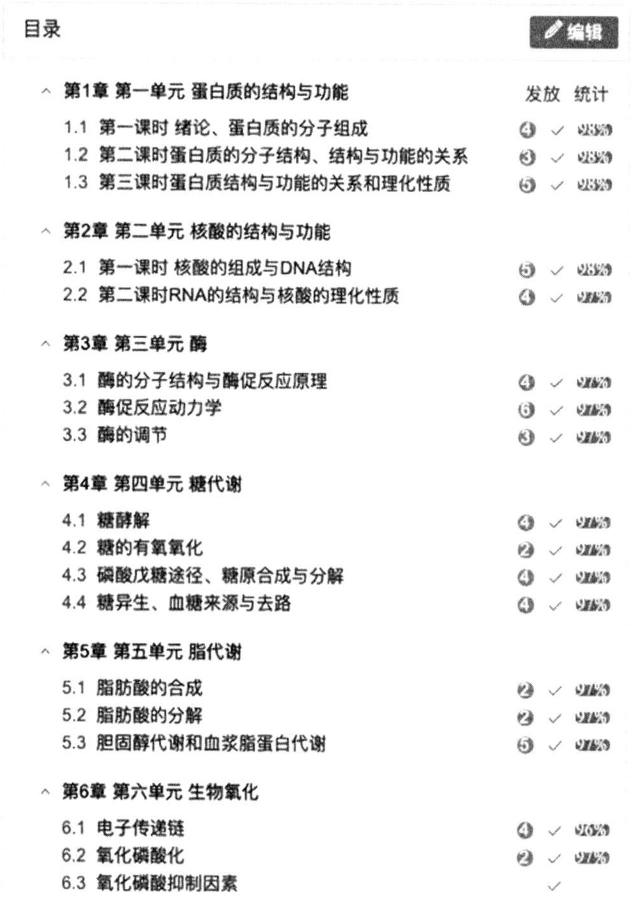

图 3　医学生物化学 B 知识点设计

图 4　知识点上传和章节上传

（一）思维导图（图 5）

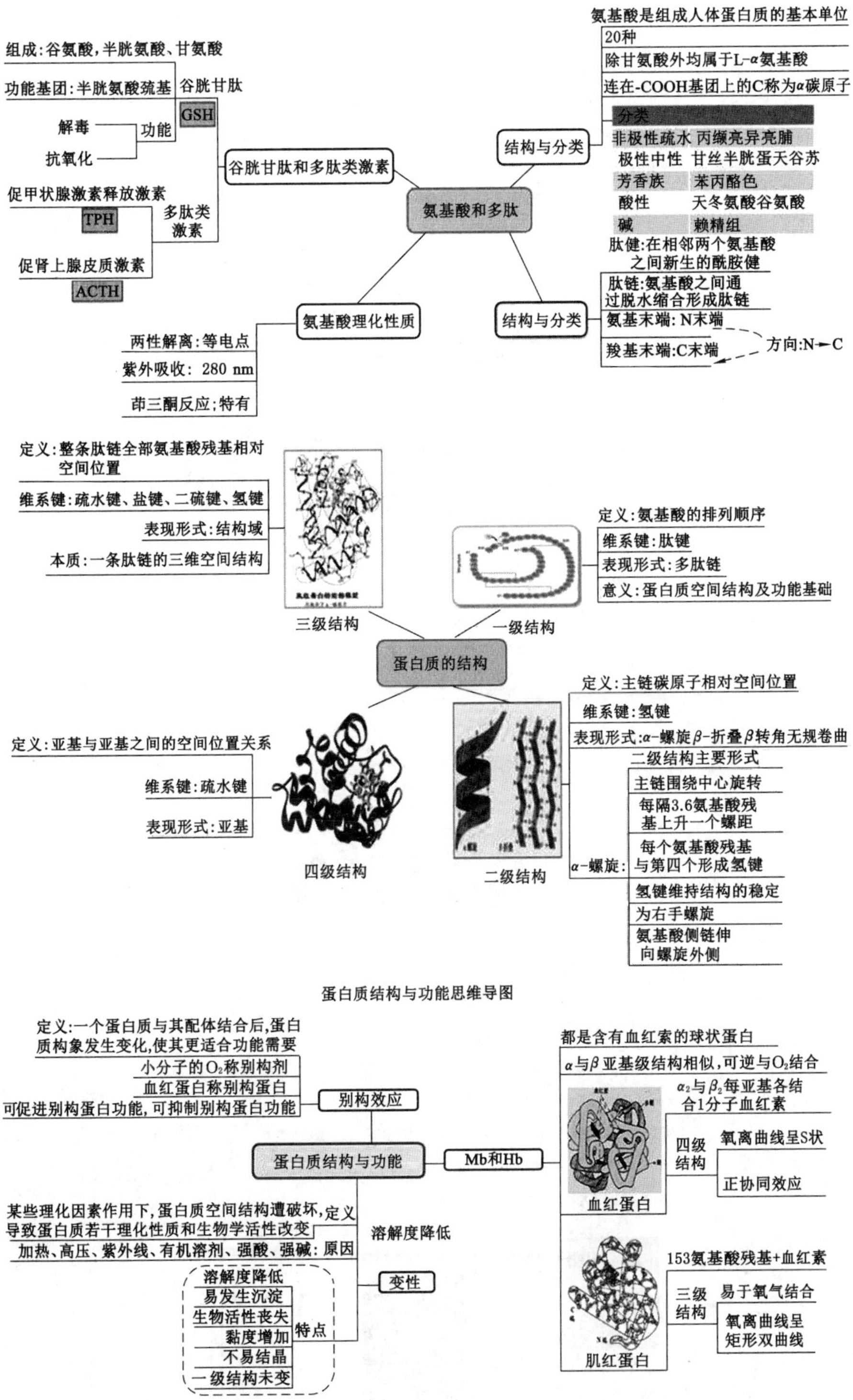

图 5　蛋白质结构与功能各知识点思维导图

（二）各知识点教学设计（图 6）

分类依据：根据侧链的结构和理化性质

种类：非极性脂肪族氨基酸、极性中性氨基酸、芳香族氨基酸、酸性氨基酸、碱性氨基酸

形式（难点）：L-α-氨基酸（讲解：L和D型氨基酸）

结构特点（重点）：

结构特点	氨基酸种类	备注
不含手性碳原子	甘氨酸	讲解手性碳原子
脂肪族氨基酸	丙氨酸、缬、亮、异亮、脯氨酸	脯氨酸是亚氨基酸
含有羟基	丝氨酸、苏氨酸	酪氨酸是酚羟基
含有巯基	半胱氨酸、甲硫氨酸	含硫的是甲硫氨酸
含有苯环	苯丙氨酸、酪氨酸、色氨酸	
含有酰胺基	天冬酰胺、谷氨酰胺	
羧基数大于氨基数	天冬氨酸、谷氨酸	PH 中性条件下带负电
羧基数小于氨基数	精氨酸、组氨酸、赖氨酸	PH 中性条件下带正电
含有胍基	精氨酸	
含有咪唑基	组氨酸	
PI 点接近中性	组氨酸	

总结归纳：

一本淡色书（Ile/Phe/Met/Trp/Thr）

四天写半经（Ser/Asp/Val/Cys/Arg）

天仙来煮果脯（Asn/Lys/His/Glu/Pro）

故事 2：二战后日本人喝牛奶增强国民体质

（1）提问：牛奶为什么会有如此神奇的功能?

（2）为什么一杯牛奶可以强壮一个民族？

（3）线粒体的数目与能量的生成是否有关系？为什么？

2. 正文

（1）蛋白质元素组成：C、H、O、N、P。

特有元素：P（对比记忆——核酸的特有元素：S）

特征性元素：N（知识联系——凯氏定氮法：蛋白质含量的测定）

（2）蛋白质的结构分类及特点

氨基酸结构通式

教学活动：角色扮演——用人体来代表氨基酸的结构

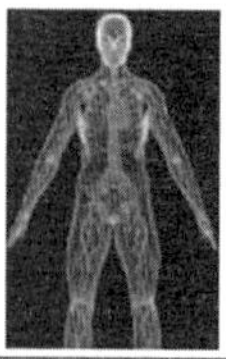

知识点1：蛋白质的分子组成

一、教材分析

本知识点是该章的第一部分，是整个内容知识体系的基础，学生需在掌握此知识点的基础上才能进一步理解蛋白质的结构及其与功能的关系，对于本知识点的学习有利于学生生命活动的物质性、生命现象的本质，同时还是以后学习生物大分子结构与功能的关系及疾病相关知识的必要前提。

二、知识点解析

（一）教学目标

掌握：蛋白质的元素组成及特点；氨基酸的种类及其特点；氨基酸的理化性质。

熟悉：谷胱甘肽的特点及功能。

了解：多肽类激素及神经肽。

（二）教学重难点

重点：蛋白质的元素组成及特点；氨基酸的种类及其特点；氨基酸的理化性质。

难点：20种氨基酸的结构特点。

（三）教学过程

1. 学前问题

插入框：故事及实例

故事1：凯利·娟思牛奶加餐对比试验

图6　蛋白质分子组成知识点内容梳理

（三）教学PPT（图7）

上传章节PPT和知识点相关的专题PPT。

18-19春生物化学C中西医...课程门户　首页　活动　统计　资料　通知　作业　考试　讨论　管理

课程资料 | 题库 | 作业库 | 试卷库 |

请输入关键字　　+添加资料　新建文件夹

根目录 > 第六章生物氧化 > PPT

序号	文件名	上传者	大小	创建日期	下载人数	操作
	知识点PPT	曹蕾		2019-04-24		
	第6章 生物氧化-曹蕾.ppt	曹蕾	11MB	2019-04-24	3	

图7　氨基酸代谢章节PPT及氨的代谢知识点PPT

（四）教学视频与动画（图 8）

添加自制微课、相关知识点的教学视频与动画，并设置相应的学习任务点。

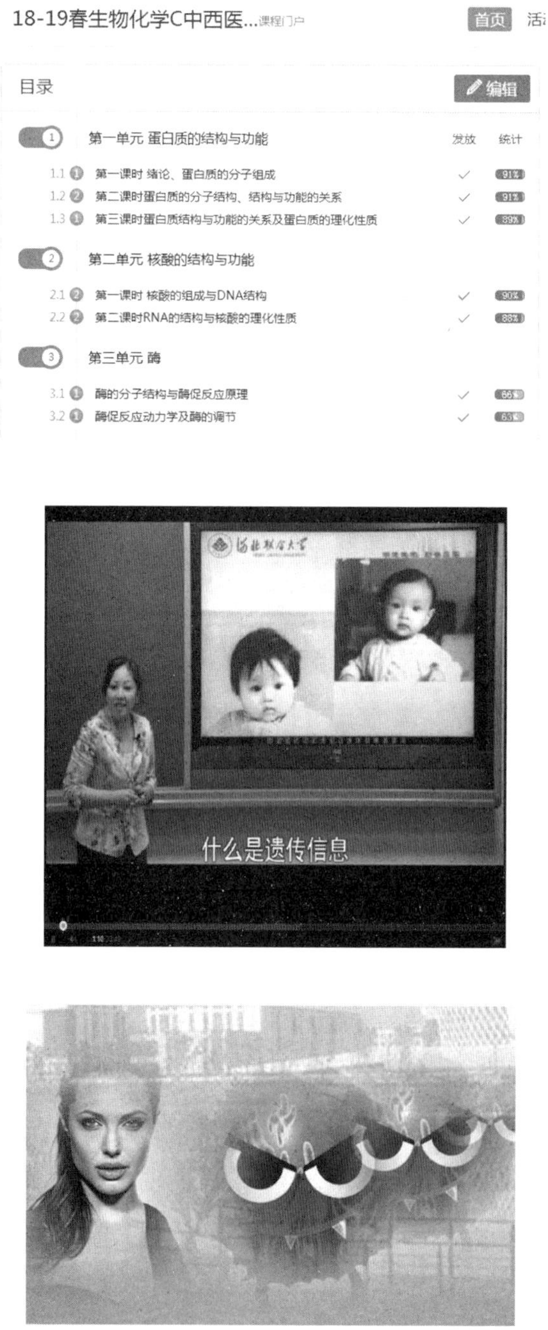

图 8　任务点设置

（五）知识点拓展资料（图 9）

拓展应用：

简单扩增法的开发，大大拓宽了 DNA 扩增法的使用范围。它不仅用于基础研究，还可以用于各种临床诊断，甚至用于犯罪侦察。另外，大家都知道有一部著名的科幻电影《侏罗纪公园》，电影里有各种各样的恐龙，若用简易扩增法对恐龙化石中的 DNA 进行扩增，那就可以对其进行测定了。

意义启发：

通过 PCR，可在几小时内将一个分子的遗传物质成百乃至上亿倍的复制。PCR 技术的建立在科学史属于一种“postmature”发展方式。即该项发现出现时的一切理论基础都已经具备，只是没有人实现这一发现，可见，**科学家需要更活跃的思维和细致的观察来充分利用前人的知识和见解。**

解决问题

第一步，先在反应体系中加入脱氧核苷酸，反应完成后可以获得不同长度的DNA片段。

⇩

加热使各种不同长度的两条链解链，再加入新的寡核苷酸引物和同位素标记的双脱氧核苷酸得到标记片段进行分析。

⇩

反复进行反应，位于两个引物之间的序列会得到扩增，扩增出来DNA位于两条引物间特异性序列。

实验过程：

PCR反应体系

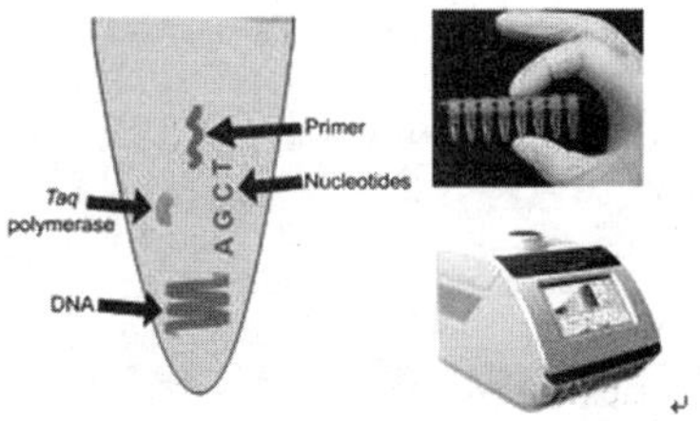

三部曲

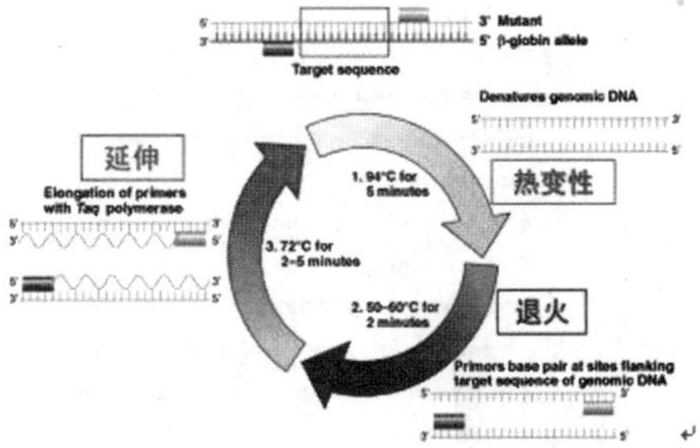

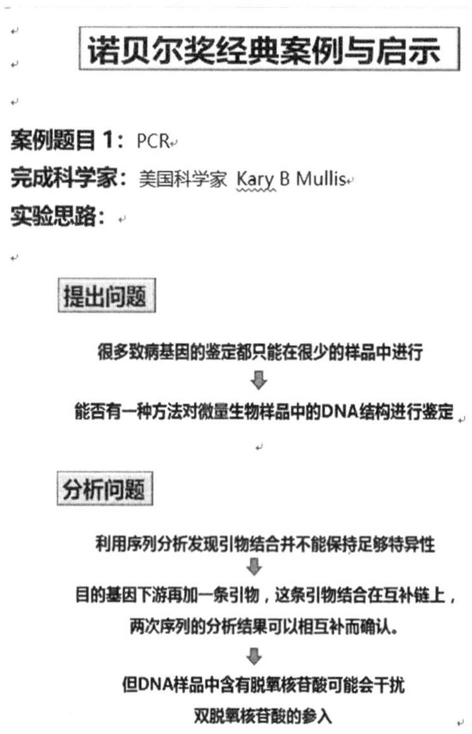

诺贝尔奖经典案例与启示

案例题目 1：PCR

完成科学家：美国科学家 Kary B Mullis

实验思路：

提出问题

很多致病基因的鉴定都只能在很少的样品中进行

能否有一种方法对微量生物样品中的DNA结构进行鉴定

分析问题

利用序列分析发现引物结合并不能保持足够特异性

目的基因下游再加一条引物，这条引物结合在互补链上，两次序列的分析结果可以相互补而确认。

但DNA样品中含有脱氧核苷酸可能会干扰双脱氧核苷酸的参入

图 9　PCR 技术与启示

（六）知识点习题

根据任务点进行知识点习题的编写与上传，根据学生在课前视频、动画、教学设计、知识点内容的主要梳理，进行任务点内容的学习，并根据学习内容设置相应的测试题和讨论的话题，让同学们对学习效果进行检测（图 10）。

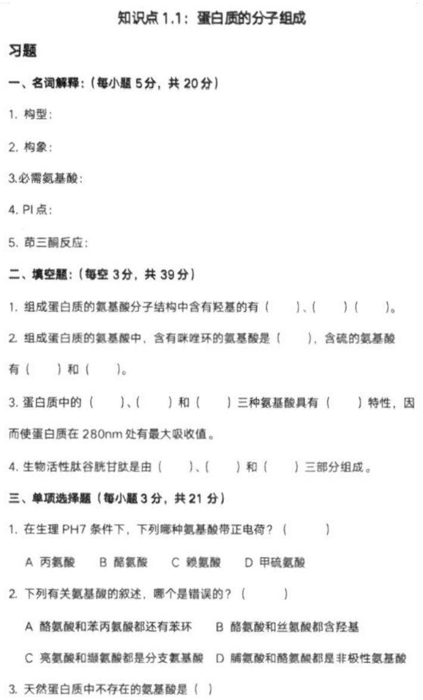

知识点 1.1：蛋白质的分子组成

习题

一、名词解释：（每小题 5分，共 20分）

1. 构型：

2. 构象：

3.必需氨基酸：

4. PI 点：

5. 茚三酮反应：

二、填空题：（每空 3分，共 39分）

1. 组成蛋白质的氨基酸分子结构中含有羟基的有（　　）、（　　）（　　）。

2. 组成蛋白质的氨基酸中，含有咪唑环的氨基酸是（　　），含硫的氨基酸有（　　）和（　　）。

3. 蛋白质中的（　　）、（　　）和（　　）三种氨基酸具有（　　）特性，因而使蛋白质在 280nm 处有最大吸收值。

4. 生物活性肽谷胱甘肽是由（　　）、（　　）和（　　）三部分组成。

三、单项选择题（每小题 3 分，共 21 分）

1. 在生理 PH7 条件下，下列哪种氨基酸带正电荷？（　　）

A 丙氨酸　B 酪氨酸　C 赖氨酸　D 甲硫氨酸

2. 下列有关氨基酸的叙述，哪个是错误的？（　　）

A 酪氨酸和苯丙氨酸都还有苯环　B 酪氨酸和丝氨酸都含羟基

C 亮氨酸和缬氨酸都是分支氨基酸　D 脯氨酸和酪氨酸都是非极性氨基酸

3. 天然蛋白质中不存在的氨基酸是（ ）

图 10　蛋白质分子组成知识点测试题

课堂教学(线上线下混合设计)

一、教学策略

教学策略遵循情境化，将知识点的讲授贯穿于教学的情境之中；问题化，在提问和释问中萌芽学习的欲望，激发学习主动性的积极性；案例化，将知识点的讲授贯穿于真实的教学案例之中。

二、教学活动

(一) 手机投屏

(1) PPT 上传　在电脑上输入网址“http://ppt.chaoxing.com”，点击手机端班级 PPT 课件右侧“＋”选择电脑上传，即显示上传码；在电脑端输入上传码则可以在电脑上上传 PPT 文件(图 11)。

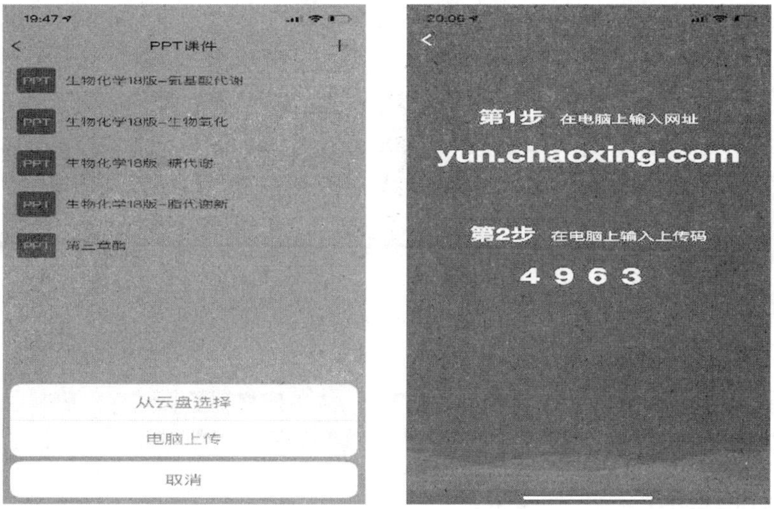

图 11　上传 PPT

(2) PPT 投屏在电脑上输入网址“x.chaoxing.com”，手机端按下投屏按钮、显示投屏码，在投屏电脑上输入投屏码，显示投屏成功(图 12)。

(二) 课程签到

通过学习通活动专栏设置签到活动(图 13)。

(三) 课堂前测

通过学习通活动专栏设置课堂前测活动。活动结束可查看学生答题情况(图 14)。

(四) 课堂教学活动(图 15)

(1) 选人：利用学习通班级活动专栏选人活动进行问题驱动式教学。

(2) 投票：利用学习通班级活动专栏投票活动对知识点进行启发式教学。

(3) 抢答：利用学习通班级活动专栏抢答活动对重要内容进行探究式教学。

图 12　PPT 投屏

普通签到　　二维码签到　　手势签到　　拍照签到

图 13　课程签到

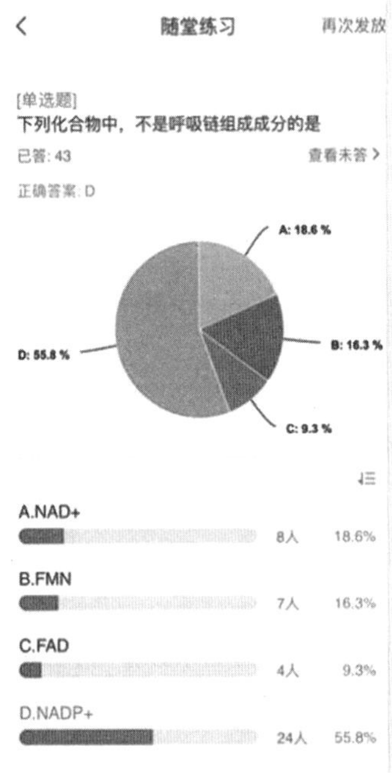

图 14　DNA 变性知识点课前测

选人　　投票　　抢答

图 15　课堂活动

课后管理(线上设计)

一、习题推送

依照课上所讲授的知识要点和知识结构体系进行习题的推送，包括每日练习、课后作业、考研真题等题型(图 16)。

20:48
4G
已发放
作业库
2018-04-30
16口腔1，2班
课堂检测2
2018-04-29
16口腔1，2班
考研真题2
2018-04-29
16口腔1，2班
课堂检测1
2018-04-29
16口腔1，2班
考研真题1
2018-04-29
16口腔1，2班
每日练习8——知识点：酶的工作原理
2018-04-29
16口腔1，2班
每日练习7——知识点：酶的结构与功能
2018-04-28
20:48
4G
已发放
作业库
课后作业
2018-05-09
16口腔1，2班
每日都习18——知识点：酮体
2018-05-09
16口腔1，2班
每日练习17——知识点：脂肪酸合成
2018-05-08
16口腔1，2班
每日练习16——知识点：脂肪酸β-氧化
2018-05-07
16口腔1，2班
每日练习15——知识点：糖异生
2018-05-06
16口腔1，2班
每日练习14——知识点：糖原的合成与分解
2018-05-05
16口腔1，2班

图 16　课后习题推送

二、讨论互动

针对教学知识点的相关内容进行课后的拓展与延伸，在班级讨论区进行讨论题目的发放，鼓励大家积极发表观点，将所学的知识进行运用(图 17)。

图 17　生物氧化知识点的讨论与病例分析

三、小组任务

将班级成员分成若干小组，布置教学任务，进行组间评价和生生评价，提高学生的团结协作能力和语言表达能力，激发学生的主动思考，提高学习的深入性(图 18)。

共发放任务:1次

请输入关键字

姓名	账号	单位	院系	专业	行政班级	参与数
李雅岚	201614800412	华北理工大学泛雅	口腔医学院	口腔医学	16口腔1	1
张宇涛	201615390229	华北理工大学泛雅	口腔医学院	口腔医学	16口腔2	1
王海燕	201615390201	华北理工大学泛雅	口腔医学院	口腔医学	16口腔2	1
杨楠	201615390206	华北理工大学泛雅	口腔医学院	口腔医学	16口腔2	1
周家瑞	201615390222	华北理工大学泛雅	口腔医学院	口腔医学	16口腔2	1
王春晓	201615390112	华北理工大学泛雅	口腔医学院	口腔医学	16口腔1	1
胡子琪	201615390214	华北理工大学泛雅	口腔医学院	口腔医学	16口腔2	1
夏胜杰	201615390227	华北理工大学泛雅	口腔医学院	口腔医学	16口腔2	1
许衍越	201615390210	华北理工大学泛雅	口腔医学院	口腔医学	16口腔2	1
李璐	201615390102	华北理工大学泛雅	口腔医学院	口腔医学	16口腔1	1
王昕睿	201615390124	华北理工大学泛雅	口腔医学院	口腔医学	16口腔1	1
陈曦	201615390209	华北理工大学泛雅	口腔医学院	口腔医学	16口腔2	1
彭天昊	201614800301	华北理工大学泛雅	口腔医学院	口腔医学	16口腔2	1

图 18　课程教学任务的发放

四、答疑解惑

利用学习通功能建立班级群组进行课后知识的答疑解惑，学生也可关注教师，进行师生一对一知识的讲解(图 19)。

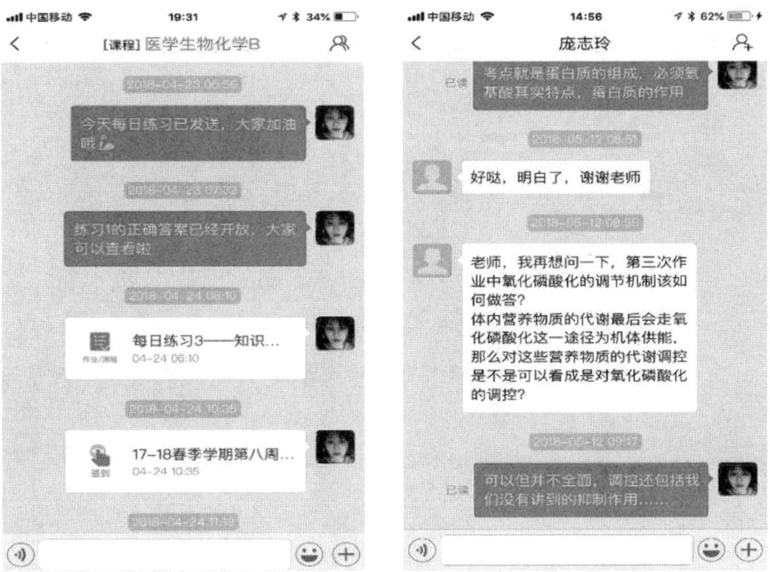

图 19　答疑解惑

五、课后测试

利用学习通考试专栏定时发放课后测试，对学生的学习效果进行阶段性的检测（图 20）。

图 20　知识点考试

六、成绩过程性管理

学生成绩管理统计见图 21。

序号	学生姓名	学号/工号	学校	课程视频(15%)	访问次数(10%)	讨论(10%)	作业(20%)	考试(25%)	签到(10%)	综合成绩
1	张佳妮	201715740214	华北理工大学	15.0	10.0	2.2	13.14	0.0	4.33	45.34
2	张瑾眉	201715730224	华北理工大学	15.0	6.77	1.4	13.28	0.0	4.67	41.79
3	高渝	201715740219	华北理工大学	15.0	10.0	2.2	14.79	0.0	4.33	46.99
4	柳雨萱	201715740117	华北理工大学	15.0	10.0	1.2	11.74	0.0	4.33	42.94
5	李保壮	201715740107	华北理工大学	15.0	10.0	1.8	13.84	0.0	4.67	46.11
6	于新雨	201715740213	华北理工大学	15.0	10.0	2.0	12.36	0.0	4.67	44.76
7	万洳娴	201715740223	华北理工大学	15.0	10.0	2.0	13.04	0.0	4.67	45.44
8	杨丽平	201715740224	华北理工大学	15.0	10.0	1.8	11.56	0.0	4.67	43.76
9	赵思源	201715740202	华北理工大学	15.0	10.0	1.8	13.51	0.0	4.67	45.78

图 21　学生成绩管理统计